Erste Hilfe zum
Hinweisgeber-
schutzgesetz

C.H.BECK

Vorwort

Sehr geehrte Leserinnen und Leser,

diese Broschüre soll ein Ratgeber, eine Hilfestellung zur Implementierung eines Hinweisgebersystems sein. Das Hinweisgeberschutzgesetz schreibt ja vor, dass ein Unternehmen ab einer gewissen Größenordnung ihren Mitarbeiterinnen und Mitarbeitern entsprechende Meldekanäle zur Verfügung zu stellen hat.

Wenn man der unablässigen Werbung der Unternehmen, die digitale Hinweisgebersysteme anbieten, glauben darf, ist alles ganz einfach. Ganz so einfach es ist natürlich nicht, allzu schwierig aber auch nicht.

So gilt es Einiges zu beachten und diese Broschüre führt nach einer Einführung und Bedeutungsklärung Schritt für Schritt durch den Prozess und gibt Entscheidungsmöglichkeiten, wie und in welchem Umfang man ein entsprechendes Hinweisgebersystem einrichtet.

Grundsätzlich ist ein Hinweisgebersystem eine sehr sinnvolle Einrichtung und wird die Unternehmenskultur im Betrieb noch weiter bereichern.

So modern das Gesetz auch ist, so altmodisch bleiben wir manchmal bei der Sprache. Die Gesetzessprache ist schon kompliziert genug und auch da will diese Broschüre helfen. Lediglich der Einfachheit halber – nicht aus Ignoranz – verwenden wir hier weiterhin fast durchgehend das generische Maskulinum und bitten dafür um Verständnis.

Allen Lesern wünsche ich eine nutzbringende Lektüre. Anregungen, Lob und Kritik können Sie an die E-Mail-Adresse fissenewert@buse.de senden.

Viel Erfolg wünscht Ihnen

Peter Fissenewert
Berlin, im Juli 2023

Inhaltsverzeichnis

1 │ In aller Kürze

> ⚠ *WICHTIG*
>
> *Das Hinweisgeberschutzgesetz (HinSchG) ist am 2. Juli 2023 in Kraft getreten.*
>
> *Ziel des Gesetzes ist es, den Schutz hinweisgebender Personen und sonstiger von einer Meldung betroffener Personen zu stärken und sicherzustellen, dass ihnen im Rahmen der Vorgaben des HinSchG keine Benachteiligungen drohen.*
>
> *Das Gesetz regelt besondere Bedingungen für den Schutz der hinweisgebenden Person sowie die Folgen bei einer falschen Meldung.*
>
> *Die betroffenen Unternehmen sind zur Einrichtung einer „internen Meldestelle" verpflichtet. Diese Verpflichtung betrifft zunächst nur Unternehmen mit **mehr als 200 Mitarbeitern**. Ab dem **17. Dezember 2023** sind auch Unternehmen **mit 50 oder mehr Beschäftigten** verpflichtet, eine interne Meldestelle einzurichten.*
>
> *Gleichzeitig bietet das Gesetz die Wahlmöglichkeit für Hinweisgebende zwischen interner und externer Meldestelle.*
>
> *Es besteht keine direkte Verpflichtung, die Meldekanäle so zu gestalten, dass sie die Abgabe anonymer Meldungen ermöglichen.*
>
> *Das Gesetz regelt das Verfahren bei Meldungen sowie Schadensersatzansprüche, Sanktionen, Bußgelder bei Verstoß gegen das Hinweisgeberschutzgesetz.*

1. Gesetzestext

Den vollständigen Gesetzeswortlaut ersparen wir Ihnen gern in dieser Broschüre. Dies soll eine Aufklärung darüber sein, wie sinnvoll Hinweisgeberschutz ist und zugleich soll dies eine Anleitung zur Installierung eines Hinweisgeberschutzsystems (HGS) sein. Den kompletten Gesetzeswortlaut finden Sie unter https://www.gesetze-im-internet.de/hinschg/index.html#BJNR08C0B0023 BJNE001200000.

Der besseren Übersicht halber zitieren wir den Gesetzestext dort, wo es sinnvoll erscheint.

Die Implementierung eines HGS ist nicht ganz so einfach, wie dies in manchen Anzeigen erscheint, allzu schwierig ist es am Ende dann aber auch nicht.

Wichtig bleibt es allemal.

Schwierig ist aber häufig die Gesetzessprache. Die Broschüre wird sich nicht durchgängig an diese Sprache halten, weil diese eben ein praktischer Ratgeber sein will. So spricht das Gesetz etwa von **„Beschäftigungsgeber".**

Beschäftigungsgeber im Sinne des HinSchG sind, sofern mindestens eine Person bei ihnen beschäftigt ist,
1. natürliche und juristische Personen des Privatrechts,
2. rechtsfähige Personengesellschaften und
3. sonstige rechtsfähige Personenvereinigungen. Darunter fallen auch Vereine, Religionsgemeinschaften und juristische Personen des öffentlich Rechts usw.

Diese Broschüre will nicht vom „Beschäftigungsgeber" sprechen, sondern lieber vom „Unternehmen".

Auch ist im Gesetz von **„Dienststellen"** die Rede. Das sind die einzelnen Behörden, Verwaltungsstellen und Betriebe der Körperschaften, Anstalten und Stiftungen des öffentlichen Rechts sowie die Gerichte. Auch spricht das Gesetz fast immer von **„hinweisgebenden Personen".** Die Broschüre geht hier fast durchgehend von „Hinweisgebenden" und in manchen Fällen von „Whistleblower" aus.

2. Gesetzessprache

Nicht ganz einfach ist es sprachlich auch, wenn es um die Hauptpersonen geht, nämlich die **„Whistleblower"** oder **„Hinweisgebenden"** oder **„hinweisgebende Personen".** Da ist der Gesetzestext zwar einigermaßen klar, aber auch sperrig zu lesen. Da auch das Bundesministerium der Justiz (BMJ) hier unterschiedliche Begrifflichkeiten verwendet und auch im Entwurf von „Whistleblowern" die Rede ist, wird diese Broschüre auch eine unterschiedliche Begrifflichkeit verwenden.

2 Bedeutung von Hinweisgebenden

*Sind Whistleblower Denunzianten oder Anschwärzer, die ein Hinweisge-
bersystem nur für negative Dinge nutzen? Oder sind Hinweisgebende nicht
vielleicht sogar sehr wichtig für das Unternehmen, weil sie Missstände
aufdecken? Hinweisgebende sind mindestens hilfreich, sie sind eigentlich
Helden.*

*Auch Martin Luther war ein Whistleblower. Er ist quasi der Edward Snow-
den des Mittelalters. Martin Luther hat Missstände in der Katholischen
Kirche angeprangert, sie öffentlich gemacht und damit eine der größten
Revolutionen der Geschichte hervorgerufen.*

1. Darum verdienen Hinweisgebende Schutz

Endlich ist es da! Das Hinweisgeberschutzgesetz für Deutschland. Das war auch längst überfällig, denn bislang waren Hinweisgebende nicht nur ungeschützt, sie verloren wegen ihrer Hinweise allzu häufig auch ihren Job.

> ⚠ **WICHTIG**
>
> Whistleblower, das sind Menschen, die, so die wörtliche Übersetzung, „die Pfeife blasen". Sie bringen Rechtsverstöße, wie Korruption, Verschwendung, Diskriminierung oder sexuellen Missbrauch ans Tageslicht. Nicht aus Rache, sondern, weil sie für ethische Werte einstehen. Gedankt wird ihnen nicht immer – im Gegenteil.

In der Öffentlichkeit werden Whistleblower meist als Helden gefeiert. *Edward Snowden* oder *Julian Assange,* Wiki-Leaks, Doping-Skandal, Panama-Papers etc., um nur wenige prominente Fälle zu nennen.

Weniger spektakulär, aber wesentlich alltäglicher sind die vielen kleinen Fälle von Hinweisgebenden, die aber große Wirkung entfalten: Hinweisgebende in Unternehmen, Organisationen oder Behörden. Whistleblower gelten oft als Verräter. Sie werden von Arbeitgebern gestellt und gekündigt. Das zumindest zeigen viele Fälle aus der Praxis. Zuverlässige Daten gibt es hingegen nicht.

2. Strafen für Retter

Statt Dank erhielten Hinweisgebende in der Vergangenheit oft die fristlose Kündigung. Die Fälle sind zahlreich.

Dabei sind Hinweisgebende einsame Kämpfer. Sie wünschen sich Verbündete, machen aber meist die Erfahrung, dass die meisten Kollegen lieber wegschauen und schweigen. Wovor hat die schweigende Mehrheit eigentlich Angst? Gammelfleisch, VW-Skandal, Love Parade, Doping, Odenwald Schule, Missbrauch in Kirchen – unzählige Mitwisser haben geschwiegen, in einigen Fällen jahrelang.

3. Prominente Hinweisgebende

Edward Snowden ist sicherlich der zurzeit wohl bekannteste Whistleblower. 2013 veröffentlichte der ehemalige CIA-Mitarbeiter Dokumente, die weltweite Überwachungs- und Spionageprogramme verschiedener Geheimdienste enthüllten. Mit seinen Aktivitäten löste er im Sommer 2013 die sogenannte NSA-Affäre aus und sorgte für einen weltweiten Eklat. Das Schicksal von *Edward Snowden,* der das Geheimdienst-Programm PRISM öffentlich machte, wühlt Amerika nach wie vor auf. Sollte er ausgeliefert werden, erwartet ihn eine empfindliche Strafe.

Jeffrey Wigand war Vizepräsident der Abteilung für Forschung und Entwicklung von „Brown & Williamson", einem Tabakkonzern der British American Tobacco. Er war für die Entwicklung einer vermeintlich „gesünderen" Zigarette durch den Verzicht auf die Beimischung von Cumarin zuständig. Am 4.2.1996 gelangte Wigand zu internationaler Berühmtheit, als er sich als Informant an einen TV-Präsidenten wendete und veröffentlichte, dass Brown & Williamson systematisch das Gesundheitsrisiko der von ihnen hergestellten Zigaretten verheimlichten. Für seine Äußerungen erhielten er und seine Familie anonyme Morddrohungen. Der Skandal wurde in dem siebenfach Oscar-nominierten Spielfilm „The Insider" mit *Russell Crowe* in der Rolle von Wigand verfilmt.

Die frühere Vizepräsidentin von Enron stellte Unregelmäßigkeiten in der Buchhaltung ihrer Firma fest und meldete sie zunächst an den CEO. Sechs Monate später sagte sie vor dem amerikanischen Kongress aus. Das führte nicht nur zur Verhaftung ihres Vorgesetzten, sondern auch zum Bankrott des gesamten Enron-Konzerns.

4. Die „kleinen" Hinweisgebenden

Nicht jeder Whistleblower sorgt für ein Erdbeben auf Weltebene. Doch auch die kleineren Enthüllungen sind wichtig, damit wir wissen, was passiert. *Inge Hannemann* ist ein Beispiel dafür. Sie arbeitet seit 2005 im Jobcenter in Hamburg-Altona. Sie gilt als Hartz-4-Kritikerin und ihr Arbeitgeber warf ihr vor, dass sie sich weigerte, bei Regelverstößen Sanktionen gegen Arbeitslose zu verhängen. Ein Vorwurf, den sie so bestreitet. Auf ihrem Blog kritisierte sie den Umgang mit Beziehenden von Arbeitslosengeld. Das gefiel dem Arbeitsamt natürlich gar nicht und so wurde sie mit sofortiger Wirkung vom Dienst freigestellt. Hannemann war die erste Mitarbeiterin eines deutschen Jobcenters, die sich öffentlich kritisch gegen die Arbeitsmarkpolitik der Agenda 2010 zu Wort meldete. Hartz 4 verfolge nicht das Ziel, Arbeitslosen eine Perspektive für den Wiedereintritt ins Leben zu bieten, sondern sie mittels Sanktionen aus dem Leistungsbezug zu drängen.

Jahrelang hatte der Inhaber der berühmten „Alten Apotheke" in Bottrop auf ärztliche Rezepte hin in angeblich individuell zusammengestellten Krebstherapielösungen reine Kochsalzlösungen an die schwerkranken Krebspatienten verkauft und gegenüber den Krankenkassen entsprechend abgerechnet.

Martin Porwoll und seine Kollegin, die diesen Skandal aufdeckten, erhielten hierfür den Whistleblower-Preis der „Vereinigung deutscher Wissenschaftler".

Der „Klassiker" im Bereich der Pflege: Überstunden, zu wenig Personal, problematische Arbeitsbedingungen. Die Leidtragenden sind die Senioren.

Im Juli 2014 schreiben 11 von insgesamt 15 bzw. 18 Altenpflegerinnen eine Überlastungsanzeige an die Geschäftsleitung. Gleichzeitig schicken sie das Schreiben an die zuständige Heimaufsicht im Kreis Recklinghausen und die Pflegekasse. Zwei Wochen zuvor hatte bereits der Pflegedienstleister der Geschäftsleitung mitgeteilt, dass er der Verantwortung für die Bewohner, der Mitarbeiter und der Organisationsstruktur nicht mehr gerecht werden könne mit der Folge, dass er außerordentlich und fristlos gekündigt wird. Als das Schreiben der 11 anderen Altenpfleger eingeht, kündigt der Arbeitgeber auch sie.

Der Vorgang ging zum Arbeitsgericht in erster Instanz. Die Kündigungsschutzklagen wurden abgelehnt. Die Begründung des Gerichts entsprach der früher gängigen Rechtsprechung: Die Kläger hätten

- zunächst eine interne Klärung mit dem Arbeitgeber versuchen müssen, um der Loyalitätspflicht genug zu tun sowie
- die kommunizierten Informationen sorgfältig auf ihre Zuverlässigkeit prüfen müssen.

Da beides nicht in ausreichendem Maße geschehen sei, so das Arbeitsgericht, stelle die Weiterleitung der Überlastungsanzeige/Schreiben an die Geschäftsleitung eine unverhältnismäßige Reaktion dar. Die wiederum sei als Pflichtverletzung anzusehen, weshalb es dem Arbeitgeber unzumutbar sei, das Arbeitsverhältnis weiterzuführen.

Einer, der nicht länger wegschauen konnte, ist auch *Miro Strecker*. Es ist ein heißer Julitag im Jahr 2007. *Miro Strecker* fährt in seinem Lkw von Hamburg nach Wertingen in Bayern. Geladen hat er an diesem Tag Gammelware. 13 Paletten, 11,5 t, K3-Fleisch, nicht zum Verzehr geeignet, darunter gefrorene Rinderaugen, vier Jahre alte Hammelleber aus Neuseeland sowie verdorbene Fleischlappen, manchmal noch gut für Tierfutter.

Am Ziel angekommen, sieht Strecker keine Arbeiter, sondern nur den Chef, der Ware abläd. Er sieht den Chef die Etiketten von den Paletten reißen und sie sich eilig in die Hosentaschen stopfen.

Er weiß nicht, an wen er sich wenden soll mit seiner Information. Nach mehreren erfolglosen Versuchen bei anderen Behörden ruft er die Gewerbeaufsicht an, die in Folge einen riesigen Skandal aufdeckt: Eine italienische Firma hatte mit einer eingespielten Lieferkette deutsches Recht umgangen, Fleisch scheinbar aus- und eingefahren und schließlich hunderte Tonnen Gammelfleisch an Berliner Dönerbuden verkauft.

> ⚠ **WICHTIG**
>
> Hinweisgebende sind Helden, weil sie wissen, was auf sie zukommt und es trotzdem tun.
> Hinweisgebende werden jetzt geschützt.

5. Whistleblowing als Teil der Compliance-Kultur

Risikomanagement und Kultur sind die wesentlichen Säulen eines funktionierenden **Compliance-Management-Systems (CMS).** Bislang war ein freiwilliges **Hinweisgebersystem (HGS)** „die Kirsche auf der Sahne". Damit war Whistleblowing bereits früher ein wesentliches Element für die Etablierung einer Compliance-Kultur im Unternehmen. Ein funktionierendes HGS ist nicht nur für die Mitarbeitenden eine Bereicherung, geschützt Hinweise geben zu können. Es ist auch eine Bereicherung für das Unternehmen. Schon bei der Implementierung entsprechender Systeme sollten die Mitarbeitenden darauf hingewiesen werden, dass Compliance alle angeht und die Erwartungshaltung besteht, dass jede Mitarbeiterin und jeder Mitarbeiter Fehlverhalten adressiert und sich nicht davon abwendet bzw. bewusst wegsieht. Damit wird Whistleblowing maßgeblich dazu beitragen, die Compliance-Kultur aufzubauen und zu stärken.

→ **HINWEIS:**

> Unternehmen, die noch kein CMS haben, sollten dies alsbald einrichten. Es ist sehr hilfreich bei der späteren Implementierung des HGS. Viele Compliance-Strukturen sind im Übrigen auch schon vorhanden, zum Beispiel bei den Regelungen zum Datenschutz.

6. Das Hinweisgeberschutzgesetz bildet das Fundament

Mit der Frage, wie ein HGS überhaupt erfolgreich implementiert werden kann, beschäftigen sich derzeit viele Unternehmen. Dabei ist die Motivation in aller Regel die neue gesetzliche Pflicht, weniger die Freiwilligkeit. Ein HGS kann eine wertvolle Informationsquelle zur Aufdeckung von rechtlichem Fehlverhalten sein. Je frühzeitiger das Unternehmen davon erfährt, desto eher kann es sein Verhalten abstellen, das zu gravierenden Schäden führen könnte. Ein Vorteil, der nicht selten verkannt wird. (Guttenberger in Ruhmannseder/Behr/Krakow, Hinweisgebersysteme, 2. Auflage 2021, Rn. 99, 106; Moosmayer, Compliance, 4. Auflage 2021, Rn. 181; Roth, Compliance, 4. Auflage 2020, 214, 221; Drenckhahn, Checkliste: In fünf Schritten zum Hinweisgebersystem, CB 2021, 459).

Das Hinweisgeberschutzgesetz bietet einige Vorgaben dazu, wie ein HGS auszusehen hat. Daneben finden sich Hinweise in der sogenannten EU-Hinweisgeber-Richtlinie 2019/1937. Zusätzlich sind nationale Spezialgesetze bei der Implementierung zu beachten, wie etwa das nationale Arbeitsrecht oder andererseits die Normen zum Datenschutzgesetz, insbesondere die Datenschutzgrundverordnung (DS-GVO) und nationale Datenschutzgesetze. Bei international tätigen Unternehmen ist die Projektleitung auf Unterstützung aus den jeweiligen Ländern angewiesen. Dies kann weiteren zeitlichen und rechtlichen Prüfungsaufwand verursachen.

7. Whistleblowing als Werkzeug zur Aufdeckung und Schadensabwehr und -begrenzung

Obwohl die Akzeptanz von CMS deutlich gestiegen ist, scheint die Anzahl von Compliance-Verfehlungen nicht zurückzugehen. Richtig ist aber, dass erst durch funktionierende CMS Verfehlungen aufgedeckt werden und entsprechende Meldemöglichkeiten (direkt und indirekt) erst durch CMS geschaffen wurden. Hierbei haben sich schon längst HGS nach zahlreichen Studien als Hauptquelle für die Aufdeckung von Compliance-Verfahren herausgestellt.

Hinweise sind mit großem Abstand die häufigste Methode zur Aufdeckung von Compliance-Verstößen. So wurden 42 % der Compliance-Verstöße durch Hinweise aufgedeckt. Das sind fast dreimal so viele Fälle, wie bei der nächsten Aufklärungsmethode, dem internen Audit. Dies betrifft lediglich 16 % der Fälle.

Compliance-Verstöße, die durch aktive Methoden, wie eben HGS, aufgedeckt wurden, dauerten kürzer und hatten im Durchschnitt geringere Verluste als solche, die passiv aufgedeckt wurden. Diese Daten machen deutlich, dass Compliance-Verstöße, die proaktiv aufgedeckt werden, in der Regel auch zu geringeren Verlusten führen. Im Gegensatz dazu führt eine eher passive Aufdeckung zu länger andauernden Verstößen und damit einhergehend zu einem größeren finanziellen Schaden des Unternehmens (https://acfepublic.s3.us-west-2.amazonaws.com/2022+Report+to+the+Nations.pdf, S. 21 f.).

Die Einführung von HGS und deren Verbreitung sowie die Erhöhung der Akzeptanz von HGS sind ein wesentliches Werkzeug zur Aufdeckung von Compliance-Verstößen.

Die Dauer der Erkennung von internen Vergehen beträgt im Durchschnitt ohne ein Meldesystem 18 Monate und mit einem Meldesystem 12 Monate. Der Verlust durch interne Vergehen bei Unternehmen beträgt im Durchschnitt fast 200.000 US-Dollar ohne ein Meldesystem, wohingegen der Verlust mit einem Meldesystem „lediglich" 100.000 US-Dollar beträgt (https://acfepublic.s3.us-west-2.amazonaws.com/2022+Report+to+the+Nations.pdf, S. 36).

⚠ **WICHTIG**

Wie schnell erkennen privatwirtschaftliche Unternehmen interne Vergehen?
- Ohne ein Meldesystem: 18 Monate;
- Mit einem Meldesystem: 12 Monate.

Durchschnittliche Verluste durch interne Vergehen bei Unternehmen?
- Ohne ein Meldesystem: 198.000 US-Dollar;
- Mit einem Meldesystem: 100.000 US-Dollar.

---

8. Mit wie vielen Meldungen muss ein Unternehmen rechnen?

Im Zuge der Diskussion über die Ausgestaltung von Meldesystemen äußern Verantwortliche von Unternehmen häufig Bedenken, anonyme Meldewege könnten den Missbrauch dieser Systeme fördern. Dabei besteht die Besorgnis, dass Meldungen mit falschem Inhalt abgegeben, andere Personen zu Unrecht verdächtigt oder Meldungen schlicht aus unlauteren Motiven abgegeben werden könnten.

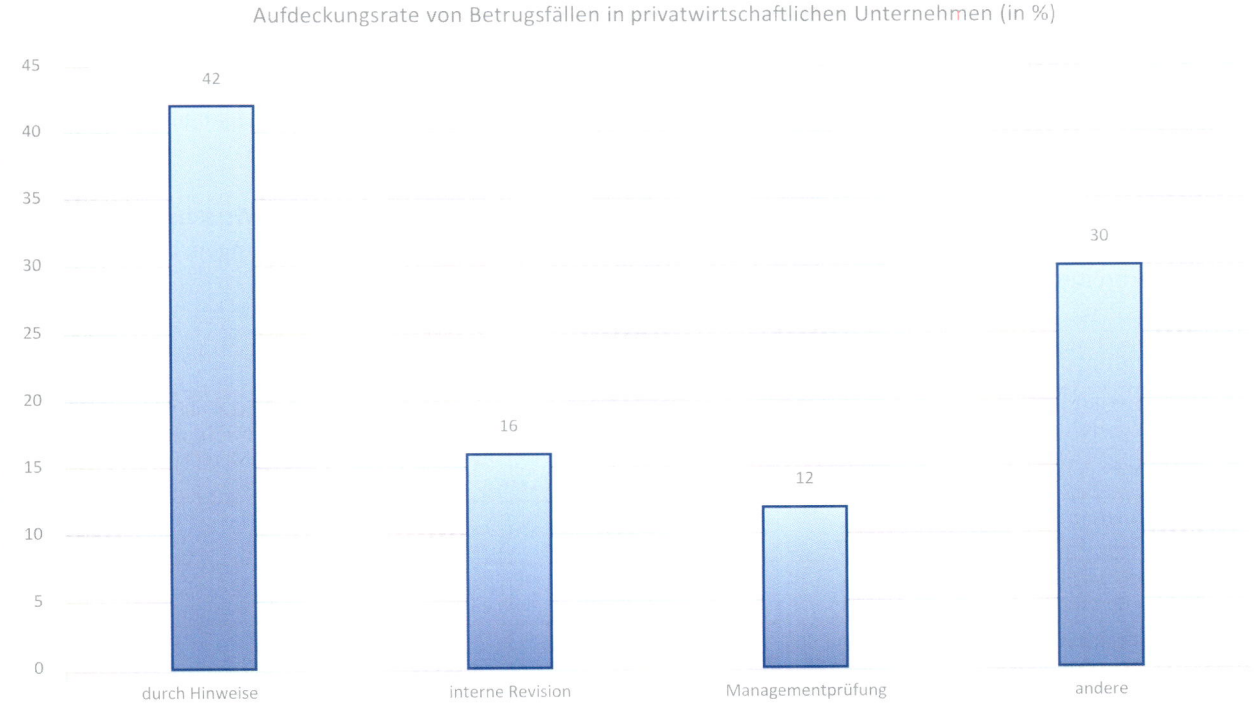

Aufdeckungsrate von Betrugsfällen in privatwirtschaftlichen Unternehmen (in %)

Quelle: https://acfepublic.s3.us-west-2.amazonaws.com/2022+Report+to+the+Nations.pdf

Statistisch ist die Gefahr der missbräuchlichen Nutzung kleiner als vielfach angenommen. Erhebungen zeigen, dass nur jede zehnte Meldung verleumderisch ist (Walter in Ruhmannseder/Behr/Krakow, Hinweisgebersysteme, 2. Auflage 2021, 43). Bei existierenden Meldesystemen, die viele Unternehmen bereits vor Inkrafttreten der EU-Richtlinie implementiert haben, kann vielfach bislang per E-Mail, Briefkasten oder telefonisch Kontakt zu den verantwortlichen Stellen aufgenommen werden. Für diese Unternehmen ist mit der Einführung des neuen webbasierten Systems mit anonymer Meldeoption nicht mit einem schwunghaften Anstieg von Missbrauch zu rechnen.

→ HINWEIS

Wenn das HGS nicht nur dazu dient, eine Rechtspflicht zu erfüllen, sondern tatsächlich eine authentische Hinweisgeberkultur im Unternehmen zu fördern, ist kaum mit Denunziationen zu rechnen.

Unternehmen, die völlig neu ein HGS einrichten, können vielleicht mit der einen oder anderen missbräuchlichen Meldung rechnen. Die Ursache dafür ist allerdings nicht in der anonymen Meldeoption zu verorten: Im Kontext von unternehmensinternen Untersuchungen begegnet man falschen Verdächtigungen immer wieder. Sie werden unabhängig von offiziell eingesetzten Meldesystemen bereits auf unterschiedliche Art und Weise „wild" abgesetzt, etwa durch anonyme Briefe, gezieltes Verbreiten von Gerüchten oder sogar durch das Verbreiten von falschen Informationen in Social Media und Co. Hier zeigt sich, dass funktionierende Compliance-Management-Systeme extrem hilfreich sind, um derartigen Machenschaften zu begegnen. Die Zahl der Meldungen hängt sehr von der Größe des Unternehmens ab und davon, ob das System auch externen Hinweisgebenden offensteht. Eine wichtige Rolle spielt auch die Art und Weise der Kommunikation. Es macht Unterschiede, ob das System nur dazu dient, eine Rechtspflicht zu erfüllen oder die Chance genutzt wird, eine authentische Hinweisgeberkultur im Unternehmen zu fördern. Fast 90 % aller Hinweise werden in guter Absicht abgegeben. Das Instrument HGS bewährt sich also. Aus der Tatsache, dass 10 % der Meldungen bewusst falsch sind, müssen entsprechende Konsequenzen für die interne Kommunikation und das Fallmanagement gezogen werden.

Nach einer Umfrage haben knapp die Hälfte der befragten Unternehmen Hinweise erhalten. Bei Großunternehmen (mehr als 250 Mitarbeiter) gingen im Schnitt 46 Meldungen pro Jahr ein, bei Unternehmen mit 1.000 Mitarbeitern ist durchschnittlich mit fünf Hinweisen pro Jahr zu rechnen. Bei kleineren Unternehmen (20 bis 49 Mitarbeiter) handelt es sich um sechs Meldungen. Knapp jede zweite Meldung, die bei den untersuchten Unternehmen eingegangen ist, hat sich als relevant und gehaltvoll erwiesen.

Anzahl der in einem Jahr in der Wirtschaft anfallenden Meldungen und Anzahl an Meldungen, bei denen Folgemaßnahmen eingeleitet werden:

Rechtliche Einheiten (nach Beschäftigtengröße)	Anzahl Beschäftigte in den betroffenen rechtlichen Einheiten im Jahr 2019	Anzahl Meldungen in der Wirtschaft bei der Annahme, dass 4 Meldungen je 1.000 Beschäftigte anfallen	Anzahl Meldungen bei denen Folgemaßnahmen eingeleitet werden (Annahme: 70 %)
Rechtliche Einheiten mit mindestens 50 Beschäftigten	22.697.071	90.000	63.000
… davon: rechtliche Einheiten mit 50 bis 249 Beschäftigten	7.465.689	29.863	––
… davon: rechtliche Einheiten mit 250 und mehr Beschäftigten	15.231.382	60.926	––

Quelle: Gesetzentwurf der Bundesregierung vom 27.7.2022

9. Wer gibt Hinweise?

2020	2022
• 50 % Mitarbeiter	• 55 % Mitarbeiter
• 22 % Kunden	• 18 % Kunden
• 15 % anonym	• 16 % anonym
• 11 % Lieferanten	• 10 % Lieferanten

10. Sollten Hinweisgebende nicht nur geschützt, sondern auch belohnt werden?

Vorweg: das HinSchG sieht zwar einen umfassenden Schutz des Hinweisgebenden vor, aber keine zusätzliche Belohnung.

Nicht zuletzt, weil es ein derartiges Belohnungssystem in anderen Ländern gibt und weil es natürlich jedem

Unternehmen freigestellt ist, auch Prämien auszuloben, lohnen sich entsprechende Gedanken zum Pro oder Contra.

Um die Wahrscheinlichkeit zu erhöhen, dass Mitarbeiter Missstände melden, scheint es naheliegend, sie dafür finanziell zu belohnen. Für Mitarbeiter, die der Gedanke nervös macht, ihre Bedenken zum Ausdruck zu bringen, könnte eine finanzielle Belohnung einen weiteren, konkreteren Anreiz darstellen, diesen Schritt zu wagen. Wäre dies also eine vorteilhafte Verfahrensweise, wenn man durch eine Belohnung die Anzahl der Meldungen erhöhen könnte?

a) USA als Vorreiter
In den Vereinigten Staaten existieren insgesamt vier Programme, die Whistleblower aus allen Ländern schützen und im Rahmen derer Belohnungen ausgeschrieben werden. Dabei muss die US-Regierung durch die Offenbarungen der Meldeperson mindestens eine

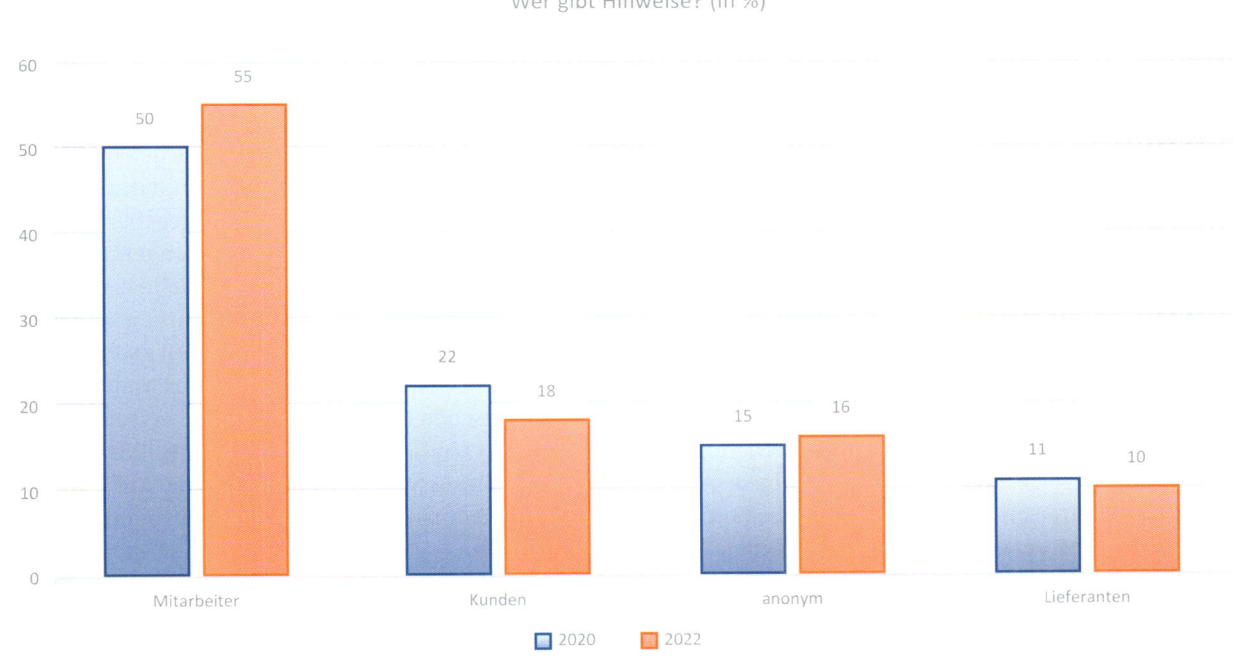

Wer gibt Hinweise? (in %)

Quellen: https://acfepublic.s3-us-west-2.amazonaws.com/2020-Report-to-the-Nations.pdf (für 2020) und https://acfepublic.s3.us-west-2.amazonaws.com/2022+Report+to+the+Nations.pdf (für 2021)

Million US-Dollar zurückgewinnen, um ihr eine Belohnung zuzusprechen. Die Programme decken vorrangig finanziellen Betrug und Bestechung ab, die dem US-Rechtssystem unterstellte Unternehmen sowie deren Mutter- oder Tochterfirmen betreffen. Meldende Personen erhalten zwischen zehn und 30 Prozent der Summe, die die Regierung zurückerlangen konnte.

In vielen weiteren Ländern existieren ähnliche Programme.

Während der Finanzkrise soll die Deutsche Bank wichtige Referenzzinssätze künstlich niedrig gehalten haben – unter anderem beim Libor. Ein Mitarbeiter der Deutschen Bank gab Informationen an die CFTC weiter, die Anlass zur Aufnahme von Ermittlungen wegen Manipulation des London Interbank Offered Rate, dem sogenannten Libor-Zinssatz, gaben. Dieser war maßgeblich für die Bewertung von Kreditzinsen, wurde jedoch zum Ende des Jahres 2021 ersetzt.

Der Mitarbeiter erhielt dafür einem Bericht der Nachrichtenagentur Reuters zufolge eine üppige Belohnung von fast 200 Millionen US-Dollar. Der Tippgeber habe Behörden in den USA und Großbritannien bei der Aufklärung von Zinsmanipulationen der Deutschen Bank im sogenannten Libor-Skandal geholfen, berichtete das „Wall Street Journal" unter Berufung auf Insider.

Die CFTC „belohnt" seit 2014 die Weitergabe von relevanten Informationen, die der Aufdeckung von illegalen Finanzgeschäften dienen könnten. Medienberichten zufolge betrug die bis zu diesem Zeitpunkt höchste geleistete Zahlung ca. 30 Millionen Euro, sodass die Summe von 200 Millionen US-Dollar bereits deutlich zeigt, dass es sich um besondere Informationen bzw. um einen besonderen Sachverhalt gehandelt haben muss. Die Information, welche Bank hinter dem aufgedeckten Skandal stand, wurde erst durch die Medien bekannt. Die CFTC geht selbstverständlich vertraulich mit solchen Informationen um.

→ HINWEIS

Ob Geldprämie oder nicht, ein HGS sollte in jedem Fall attraktiv sein. Und wenn Betrugsfälle aufgedeckt werden, ist durchaus auch eine Prämie für den Hinweisgebenden sinnvoll.

b) Ist ein solches Vorgehen auch in Deutschland denkbar?

Es ist allgemein bekannt, dass Deutschland deutlich weniger progressiv eingestellt ist als beispielsweise die USA oder einige europäische Nachbarstaaten. Das Hauptargument der Gesetzgebung gegen finanzielle Anreize für Hinweisgebende besteht darin, dass Meldungen kein Profitgedanke zugrunde liegen darf. Aus praktischer und jahrelanger Erfahrung, Datenauswertungen und Gesprächen mit internationalen Compliance-Beauftragten wissen wir zudem, dass kaum Meldungen mit diesem Hintergrund eingehen.

Unternehmen sollte es letztlich darum gehen, dass ihre Mitarbeiter ehrlich und aufrichtig sind, wenn sie Bedenken zur Sprache bringen. Unsere langjährige praktische Erfahrung hat uns gelehrt, dass ein Mitarbeiter, der auf einen wirklichen Missstand stößt, diesen meldet, ob eine Belohnung angeboten wird oder nicht. Mit anderen Worten: Wenn die Aussicht auf eine Belohnung besteht, verlagert sich die Entscheidung, „das Richtige zu tun", hin zu einer Abwägung zwischen Kosten und Nutzen. Im Hinblick auf den Nutzen könnte es möglicherweise sinnvoll sein, eine Meldung hinauszuzögern, bis sich die Situation zugespitzt hat (um so die Wahrscheinlichkeit einer Belohnung zu erhöhen).

Ich bin fest davon überzeugt, dass eine gelebte Compliance- bzw. Hinweisgeber-Kultur nur dann entsteht, wenn denn Mitarbeitern das Gefühl gegeben wird, dass sie wahrgenommenes Fehlverhalten ungehindert und anonym melden können. Eine finanzielle Belohnung ist nicht der richtige Anreiz. Unternehmen sollten sich stattdessen bemühen, den sozialen Mut zu fördern. Das heißt, sie sollten ihre Mitarbeiter ermutigen, sich aus moralischen Gründen zu melden, weil sie wirklich der Ansicht sind, dass etwas falsch läuft. Das eigentliche Ziel dieses Systems ist eine offene und kooperativere Arbeitsumgebung, in der Mitarbeiter sich wohlfühlen.

Auf der anderen Seite:

Sollte der Staat durch die Verkündung von Anreizen ein positives Zeichen an Hinweisgebende senden, wäre dies ein deutliches Signal, dass ihre Rechte und ihr Schutz ernst genommen werden.

11. Reputationsschutz bei Whistleblowing

Ein Vorfall gelangt an die Öffentlichkeit – Handlungsanweisung für Unternehmen

Um Image und Ruf zu schützen, mussten sich Unternehmen auch in der Vergangenheit professionell auf Whistleblowing-Fälle vorbereiten.

Ein Buchhalter entdeckt Bilanzmanipulationen, die Kassiererin meldet, dass eine Supermarktkette verdorbene Ware umetikettiert, oder der Mitarbeiter eines Nahrungsmittelproduzenten informiert über falsche Bio-Zertifizierungen. Diese Beispiele unterfallen nun genauso dem Anwendungsbereich des HinSchG wie Korruption, Datenschutzverstöße, Geldwäsche oder mangelnde Produktsicherheit. Leider nicht geschützt sind laut Gesetzesbegründung Meldungen wegen unethischen oder unmoralischen Handelns.

Dem Unternehmen können Reputationsschäden drohen.

Erfährt die Öffentlichkeit von entsprechenden Vorfällen, droht Unternehmen ein erheblicher Reputationsschaden. Wie bereits erwähnt fürchten viele Unternehmen die Kehrseite des Schutzes von Hinweisgebenden: die Missbrauchsgefahr, etwa wenn gekündigte Mitarbeiterinnen und Mitarbeiter Falschinformationen über das Unternehmen oder Personen verbreiten. Grundsätzlich spielt es für den Schutz der Hinweisgebenden keine Rolle, welche Motive sie für die Meldung haben. Die Rechte von Whistleblowern sind im Einzelfall mit dem Interesse der Unternehmen an Loyalität und Geheimhaltung abzuwägen. Diese können sich auf die Berufsfreiheit gemäß Artikel 12 Grundgesetz sowie ihr Unternehmerpersönlichkeitsrecht und den Schutz ihrer Reputation im Geschäftsverkehr berufen, was sich aus Artikel 2 Abs. 1 in Verbindung mit Art. 19 Abs. 3 Grundgesetz ergibt.

a) Einrichtung eines HGS im Rahmen von Compliance

Hinweisgeberschutz ist wichtig. Das habe ich bereits mehrfach betont. Idealerweise sollte der HGS in ein CMS implementiert werden. Zu einer guten Compliance gehört nämlich in jedem Fall auch immer eine gut vorbereitete

Krisenkommunikation: Wie reagiert das Unternehmen durch wen und wem gegenüber im Falle einer Krisensituation? Hier gilt es sich für den Ernstfall zu wappnen und den guten Ruf des Unternehmens zu schützen.

Bei Whistleblowing durch Arbeitnehmer ist der Schutz der Reputation nicht nur eine rechtliche Frage. Mindestens ebenso wichtig ist die Kommunikation: Effiziente Compliance-Strukturen beweisen immer wieder, dass eine gute Gesprächskultur der Mitarbeiterinnen und Mitarbeiter untereinander und gegenüber Führungskräften extrem hilfreich ist, Fehlverhalten und Missstände aufzudecken, bevor die Reputation ruiniert ist, oder Behörden einschreiten. Eine gute Kommunikation ist die Grundvoraussetzung für ein effizientes und funktionierendes HGS. Das Thema „Kommunikation" wird uns durch die gesamte Broschüre begleiten.

b) Notfallplan für Krisenkommunikation

Unternehmen benötigen in jedem Fall einen präventiven Plan für die Krisenkommunikation, erst recht bei Whistleblowing-Fällen. Die Fristen für eine Antwort auf eine Presseanfrage sind im Ernstfall sehr kurz. Meist handelt es sich um wenige Stunden. Um schnell auf drohende Rechtsverletzungen durch eine Berichterstattung reagieren zu können, gilt es Antworten parat zu haben:

- Hat der Hinweisgebende das Meldesystem eingehalten?
- Sind Geschäftsgeheimnisse betroffen?
- Finden sich in der Presseanfrage falsche oder unvollständige Informationen, die es richtigzustellen oder zu ergänzen gilt?
- Haben sich die Medien bei der Veröffentlichung an die Grundsätze der Verdachtsberichterstattung gehalten?
- usw.

Eine Salamitaktik, die einen Sachverhalt scheibchenweise zugibt oder gar immer wieder berichtigt, ist ungeeignet. Daher bedarf es auch nach innen einer durchdachten Kommunikationsstrategie.

c) Schutz von Geschäftsgeheimnissen

Ist von der Meldung eines Whistleblowers ein Geschäftsgeheimnis im Sinne des § 2 Nr. 1 HinSchG betroffen, gilt: Die Weitergabe des Geschäftsgeheimnisses ist nur erlaubt, sofern ein Hinweisgebender hinreichenden

Grund zu der Annahme hatte, dass die Weitergabe oder die Offenlegung dieser Informationen notwendig ist, um einen Verstoß aufzudecken. Hier setzt § 6 HinSchG Grenzen.

d) Achtung: Information muss nicht wahr sein

Darüber hinaus gelten gemäß § 6 HinSchG die Voraussetzungen des § 33 Abs. 1 Nr. 2 und 3 HinSchG: Der Hinweisgebende muss hinreichenden Grund zu der Annahme haben, dass die Informationen der Wahrheit entsprechen. Und es muss sich um Verstöße handeln, die in den Anwendungsbereich des Gesetzes fallen. Selbstredend ist die Offenlegung unrichtiger Informationen über Verstöße nach § 32 Abs. 2 HinSchG verboten.

Notwendig, zugleich aber auch ausreichend ist, dass der Whistleblower gutgläubig ist, was die tatsächlichen und rechtlichen Voraussetzungen des Verstoßes betrifft. Nicht erforderlich ist also, dass die Informationen auch tatsächlich wahr sind.

e) Welche Sorgfalt gilt bei Wahrheit oder Lüge?

Die Sorgfalts- und Nachforschungspflichten des Hinweisgebenden bezüglich des Wahrheitsgehalts seiner Meldung regelt weder das HinSchG noch die EU-Whistleblower-Richtlinie! Entscheidend ist, ob der Hinweisgebende die Information aufgrund seiner individuellen persönlichen Kenntnisse und Fähigkeiten für wahr halten durfte. Notwendig dürfte vor allem sein, dass der Hinweisgebende im Vorfeld einer Meldung alle verfügbaren Informationen auswertet. Weitergehende Nachforschungspflichten verlangt das HinSchG nicht.

Whistleblower sind nur dann nicht geschützt, wenn sie vorsätzliche oder grob fahrlässige Falschmeldungen abgeben. In diesem Fall steht dem Unternehmen nach § 38 HinSchG ein Anspruch auf Schadensersatz zu.

f) Offenlegung gegenüber Medien oder in Social Media als letztes Mittel

Neben interner und externer Meldung sieht § 32 HinSchG als letztes Mittel die sogenannte Offenlegung vor: die Veröffentlichung in Print- und Online-Medien oder über soziale Netzwerke. Der Schutz von Whistleblowern ist in diesem Fall aber an Bedingungen geknüpft,

etwa wenn die externe Meldung erfolglos war, in einer Notsituation, wenn eine Gefährdung von öffentlichem Interesse vorliegt oder die Unterdrückung von Beweismitteln droht. Das war zum Beispiel beim Gammelfleischskandal der Fall.

Redliche Unternehmen müssen ein lebhaftes Interesse daran haben, ein gutes HGS einzurichten.

g) Was gilt für Presse, Rundfunk oder Fernsehen?

Sofern Presse, Rundfunk oder Fernsehen die zugespielten Informationen veröffentlichen wollen, sind sie an die Maßstäbe der Verdachtsberichterstattung gebunden, die der Bundesgerichtshof aufgestellt hat:

- Danach müssen die Medien beispielsweise zunächst eine ausreichende Recherche anstellen, bevor sie über einen Verdacht identifizierend berichten, anstatt betroffene Personen oder Unternehmen zu anonymisieren.
- Es bedarf eines Mindestbestandes an Beweistatsachen, die für den Wahrheitsgehalt der Information sprechen und ihr damit erst „Öffentlichkeitswert" verleihen.
- Es muss sich um einen Vorgang von „gravierendem Gewicht" handeln, dessen Mitteilung durch ein Informationsbedürfnis der Allgemeinheit gerechtfertigt ist.
- Notwendig ist auch eine Anhörung, indem die Redaktion vor Veröffentlichung eine Stellungnahme betroffener Personen oder Unternehmen einholt.
- Es darf zu keiner Vorverurteilung kommen: Die Berichterstattung muss ausgewogen sein, indem sie beispielsweise auch entlastende Umstände thematisiert oder mögliche unredliche Motive des Whistleblowers.

Um einem Skandal vorzubeugen, können betroffene Unternehmen gegen die Veröffentlichung presserechtlich einschreiten und etwa einen Anspruch auf Unterlassung wegen unzulässiger identifizierender Wortberichterstattung geltend machen (Quelle: https://buse.de/blog/arbeitsrecht/reputationsschutz-bei-whistleblowing-durch-arbeitnehmer/).

h) Attraktive interne Meldekanäle sind der beste Schutz

Schon im eigenen Interesse sind Unternehmen mit Blick auf drohende Reputationsschäden gut beraten, wenn sie gemäß §7 Abs. 3 Satz 1 HinSchG die internen Meldekanäle mithilfe von Anreizen möglichst attraktiv gestalten, damit sich Hinweisgebende zunächst vertrauensvoll an diese wenden. Wir haben dazu bereits berichtet. Je attraktiver der Meldekanal, umso größer ist die Wahrscheinlichkeit, dass etwaige Probleme zuerst intern geklärt und gelöscht werden können, bevor sie nach außen dringen. Das gilt genauso für die in §16 Abs. 1 HinSchG vorgesehene Pflicht, dass sowohl interne als auch externe Kanäle anonyme Hinweise ermöglichen und bearbeiten müssen, auch wenn keine Verpflichtung besteht, die Meldekanäle so zu gestalten, dass sie die Abgabe anonymer Meldungen ermöglichen.

3 | Was ist zu tun?

Die folgenden Kapitel beschäftigen sich mit der Frage, was das Hinweis-geberschutzgesetz im Einzelnen von uns verlangt bzw. fordert und wie dies möglichst pragmatisch umgesetzt wird.

1. Ab wann gilt dieses Gesetz?

Das Gesetz ist am 2. Juli 2023 in Kraft getreten:

- Beschäftigungsgeber mit mehr als 250 Mitarbeitern sind ab diesem Zeitpunkt verpflichtet, eine interne Meldestelle einzurichten,

- für Beschäftigungsgeber mit mehr als 50 Mitarbeitern gilt diese Verpflichtung ab dem 17. Dezember 2023.

Anzahl betroffener Unternehmen in der Wirtschaft:

Rechtliche Einheiten (nach Unternehmensgröße)	Anzahl rechtliche Einheiten im Jahr 2019	Anteil der Unternehmen mit einem bestehendem HGS	Anzahl rechtliche Einheiten mit einem bestehendem HGS	Anzahl rechtliche Einheiten ohne HGS
Rechtliche Einheiten mit mindestens 50 Beschäftigten	90.621	--	44.675	45.946
... davon: rechtliche Einheiten mit 50 bis 249 Beschäftigten	73.823	43,7 %	32.261 (bei Annehme von Zusammenschlüssen nach § 14 Abs. 2: 8.000)	41.562 (bei Annahme von Zusammenschlüssen nach § 14 Abs. 2: 10.000)
... davon rechtliche Einheiten mit 250 und mehr Beschäftigten	16.798	73,9 %	12.414	4.384

Quelle: Gesetzentwurf der Bundesregierung vom 27.7.2022

2. Wer ist geschützt?

Es wäre zu einfach zu sagen, dass das Gesetz den „Hinweisgebenden" schützt. Das Gesetz selbst lautet Hinweisgeberschutzgesetz (HinSchG). Mit diesem Gesetz soll der bislang lückenhafte und unzureichende Schutz von hinweisgebenden Personen ausgebaut und die EU-Whistleblower-Richtlinie (Richtlinie (EU) 2019/1937) in nationales Recht umgesetzt werden.

Das HinSchG wird begleitet von notwendigen Anpassungen bestehender gesetzlicher Regelungen, insbesondere auch im Bereich des Dienstrechts.

Ziel des Gesetzes ist es, den Schutz hinweisgebender Personen und sonstiger von einer Meldung betroffener Personen zu stärken und sicherzustellen, dass ihnen im Rahmen der Vorgaben dieses Gesetzes keine Benachteiligungen drohen.

Bislang existierte in Deutschland kein umfassendes, einheitliches Hinweisgeberschutzsystem. Hinweisgebende können nach Auffassung des Gesetzgebers allenfalls wertvolle Beiträge dazu leisten, das Fehlverhalten natürlicher oder juristischer Personen aufzudecken und die negativen Folgen dieses Fehlverhaltens einzudämmen bzw. zu korrigieren. In der Vergangenheit war es bekanntlich immer wieder zu Fällen gekommen, in denen hinweisgebende Personen Nachteile zu erleiden hatten. Auf der anderen Seite ist davon auszugehen, dass Personen mit Insiderwissen von Meldungen abgesehen haben, weil sie Repressalien fürchteten.

Vom Gesetz geschützt sind:
- hinweisgebende Personen,
- Personen, die Gegenstand einer Meldung sind,
- sonstige Personen, die von einer Meldung betroffen werden.

Das Gesetz will nicht nur diejenigen Personen schützen, die Meldungen erstatten oder Verstöße offenlegen. Geschützt werden darüber hinaus auch Personen, die von der Meldung oder Offenlegung betroffen sind, etwa, indem sie dort genannt werden oder so potentielle Zeugen sein können. Nicht weniger wichtig ist dem Gesetzgeber, dass auch die Personen geschützt werden, die Gegenstand einer Meldung oder Offenlegung sind, das heißt denen in der Meldung oder Offenlegung ein Fehlverhalten vorgeworfen wird. Auch in Bezug auf diese Personen gilt es, die Vertraulichkeit der Identität zu schützen und die geltenden Verfahrensrechte nicht zu beschränken. Daneben sollen auch die Rechte und Geheimhaltungsinteressen der von der Meldung und Offenlegung betroffenen juristischen Personen (insbesondere Unternehmen) geschützt werden.

Nach allem ist also neben der eigentlichen Zielrichtung des HinSchG, den Schutz der hinweisgebenden Person zu verbessern, also auch der Schutz dieser weiteren von der Meldung oder Offenlegung betroffenen Personen zu gewährleisten.

Der persönliche Anwendungsbereich ist weit gefasst. Ausdrücklich umfasst werden neben Arbeitnehmerinnen und Arbeitnehmern im Sinne von Artikel 45 Abs. 1 AEUV einschließlich Beamtinnen und Beamten beispielsweise auch Selbständige, Anteilseignerinnen und Anteilseigner, Mitarbeiterinnen und Mitarbeiter von Lieferanten und Personen, die bereits vor Beginn eines Arbeitsverhältnisses Kenntnisse von Verstößen erlangt haben.

→ **HINWEIS**

Auf eine bestimmte Motivation der meldenden Person kommt es nicht an. Sie verliert ihren Schutz nicht etwa dadurch, dass sie einen Rechtsverstoß nur aus eigensüchtigen Motiven oder zum eigenen Vorteil meldet.

3. Für welche Unternehmen gilt das Gesetz?

Das Gesetz gilt sowohl für „Beschäftigungsgeber" als auch für „hinweisgebende Personen".

a) Beschäftigungsgeber

Das HinSchG bezeichnet Arbeitgeber, Unternehmen etc. als „Beschäftigungsgeber".

Was ein „Beschäftigungsgeber" ist, wird in § 3 Abs. 9 HinSchG geregelt:

§	AUSZUG GESETZESTEXT

§ 3 Abs. 9 HinSchG
Beschäftigungsgeber sind, sofern mindestens eine Person bei ihnen beschäftigt ist,
1. *natürliche Personen sowie juristische Personen des öffentlichen und des privaten Rechts,*
2. *rechtsfähige Personengesellschaften und*
3. *sonstige, nicht in den Nummern 1 und 2 genannte rechtsfähige Personenvereinigungen.*

Private Beschäftigungsgeber sind in § 3 Abs. 10 HinSchG geregelt:

§	AUSZUG GESETZESTEXT

§ 3 Abs. 10 HinSchG
Private Beschäftigungsgeber sind Beschäftigungsgeber mit Ausnahme juristischer Personen des öffentlichen Rechts und solcher Beschäftigungsgeber, die im Eigentum oder unter der Kontrolle einer juristischen Person des öffentlichen Rechts stehen.

Um ein weitgehendes und einheitliches Schutzniveau zu erreichen, wird der **Kreis der Beschäftigungsgeber durch den Gesetzgeber weit gefasst.** Dies sind:
- juristische Personen des Privatrechts, wie Aktiengesellschaft, Kommanditgesellschaft auf Aktien, GmbH, Stiftung des Privatrechts ebenso wie eingetragener Verein oder eingetragene Genossenschaft,
- juristische Personen des öffentlichen Rechts, insbesondere Gebietskörperschaften, Personalkörperschaften sowie Verbandskörperschaften auf Bundes- und Landesebene,
- rechtsfähige Personengesellschaften,
- sonstige rechtsfähige Personenvereinigungen.

Umfasst werden deshalb auch
- Anstalten, wie Landesrundfunkanstalten,
- öffentlich-rechtliche Stiftungen,
- evangelische und katholische Kirche mit ihren Kirchengemeinden,
- sonstige nach Artikel 140 GG, Artikel 137 Abs. 5 WRV als Körperschaften des öffentlichen Rechts oder nach entsprechenden Bestimmungen des Landesrechts anerkannte oder als Vereine oder BGB konstituierte Kirchen,
- sonstige Religionsgemeinschaften.

b) Hinweisgebende Personen

Hinweisgebende Personen sind nach dem Gesetzeswortlaut natürliche Personen, die im Zusammenhang mit ihrer beruflichen Tätigkeit oder im Vorfeld einer beruflichen Tätigkeit Informationen über Verstöße erlangt haben und diese an die nach diesem Gesetz vorgesehenen Meldestellen melden oder offenlegen (§ 1 Abs. 1 HinSchG).

---

§ AUSZUG GESETZESTEXT

§ 1 HinSchG

(1) Dieses Gesetz regelt den Schutz von natürlichen Personen, die im Zusammenhang mit ihrer beruflichen Tätigkeit oder im Vorfeld einer beruflichen Tätigkeit Informationen über Verstöße erlangt haben und diese an die nach dem Gesetz vorgesehenen Meldestellen melden oder offenlegen (hinweisgebende Personen).

(2) Darüber hinaus werden Personen geschützt, die Gegenstand einer Meldung oder Offenlegung sind, sowie sonstige Personen, die von einer Meldung oder Offenlegung betroffen sind.

Hinweisgebende Personen sind Beschäftigte, also Arbeitnehmerinnen und Arbeitnehmer, die zu ihrer Berufsbildung Beschäftigten (Auszubildende, Praktikanten, EuGH Urteil vom 30.3.2006, NZA 2006, 649, Rn. 21–23), Beamtinnen und Beamte, Richterinnen und Richter mit Ausnahme der ehrenamtlichen Richterinnen und Richter, Soldatinnen und Soldaten, arbeitnehmerähnliche Personen, wie Leiharbeitnehmer, in Heimarbeit Beschäftigte und die ihnen gleichgestellten, Menschen mit Behinderung, die in einer Werkstatt für

behinderte Menschen oder bei einem anderen Leistungsanbieter nach § 60 SGB IX beschäftigt sind.

Erfasst werden weiter auch externe Arbeitnehmerinnen und Arbeitnehmer und Lieferantinnen und Lieferanten sowie Personen, deren Arbeitsverhältnis bereits beendet ist oder noch nicht begonnen hat und sich in einem vorvertraglichen Stadium befindet.

Der Schutz greift allerdings nur dann, wenn die Hinweisgebenden davon ausgehen durften, dass die gemeldeten Informationen der Wahrheit entsprachen. Auf eine bestimmte Motivation der meldenden Person kommt es hingegen nicht an; sie verliert ihren Schutz nicht etwa dadurch, dass sie einen Rechtsverstoß etwa nur aus eigensüchtigen Motiven oder zum eigenen Vorteil meldet.

4. Beweislastumkehr für Arbeitgeber

Repressalien und jedwede Vergeltungsmaßnahmen gegenüber Hinweisgebenden sind untersagt. In diesem Zusammenhang wird auch eine Regelung über eine Beweislastumkehr durch § 36 HinSchG eingeführt. Arbeitgeber müssen demnach künftig nachweisen, dass Maßnahmen gegen Arbeitnehmer nicht im Zusammenhang mit der Aufdeckung von Missständen stehen.

---

§ AUSZUG GESETZESTEXT

§ 36 HinSchG

(1) [1]Gegen hinweisgebende Personen gerichtete Repressalien sind verboten. [2]Das gilt auch für die Androhung und den Versuch, Repressalien auszuüben.

(2) [1]Erleidet eine hinweisgebende Person eine Benachteiligung im Zusammenhang mit ihrer beruflichen Tätigkeit und macht sie geltend, diese Benachteiligung infolge einer Meldung oder Offenlegung nach diesem Gesetz erlitten zu haben, so wird vermutet, dass diese Benachteiligung eine Repressalie für diese Meldung oder Offenlegung ist. [2]In diesem Fall hat die Person, die die hinweisgebende Person benachteiligt hat, zu beweisen, dass die Benachteiligung auf hinreichend gerechtfertigten Gründen basierte oder dass sie nicht auf der Meldung oder Offenlegung beruhte.

---

5. Inwiefern sind Loyalitäts- und Verschwiegenheitsklauseln gültig?

Es ist für das Unternehmen nicht zulässig, sich auf die rechtlichen oder vertraglichen Pflichten des Einzelnen, beispielsweise Loyalitätsklausel in Verträgen oder Vertraulichkeits- oder Geheimhaltungsvereinbarung, stützen zu dürfen, um:

- die Möglichkeit einer Meldung auszuschließen,
- Hinweisgebenden den Schutz zu versagen oder
- sie für die Meldung von Informationen über Verstöße oder einer Offenlegung mit Sanktionen zu belegen,

wenn die Weitergabe der Informationen, die unter diese Klauseln und Vereinbarungen fallen, notwendig ist, um den Verstoß aufzudecken.

6. Wahlmöglichkeit der Hinweisgebenden zwischen interner und externer Meldestelle

Hinweisgebende Personen haben die freie Wahl, ob sie sich an eine „interne Meldestelle" des Unternehmens oder eine „externe Meldestelle", die durch Bund und Länder eingerichtet wird, wenden. Sie können somit den Meldekanal frei wählen, der sich angesichts der fallspezifischen Umstände für sie am besten eignet.

> **§ AUSZUG GESETZESTEXT**
>
> *§ 7 Abs. 1 HinSchG*
> *[1]Personen, die beabsichtigen, Informationen über einen Verstoß zu melden, können wählen, ob sie sich an eine interne Meldestelle (§ 12) oder eine externe Meldestelle (§§ 19 bis 24) wenden. [2]Diese Personen sollten in den Fällen, in denen intern wirksam gegen den Verstoß vorgegangen werden kann und sie keine Repressalien befürchten, die Meldung an eine interne Meldestelle bevorzugen. [3]Wenn einem intern gemeldeten Verstoß nicht abgeholfen wurde, bleibt es der hinweisgebenden Person unbenommen, sich an eine externe Meldestelle zu wenden.*

Das Unternehmen ist verpflichtet, mindestens eine Stelle für interne Meldungen einzurichten.

a) Externe Meldestelle

Eine zentrale externe Meldestelle soll beim Bundesamt für Justiz (BfJ) eingerichtet werden. Daneben sollen die bestehenden Meldesysteme bei der Bundesanstalt für Finanzdienstleistungsaufsicht sowie beim Bundeskartellamt als weitere externe Meldestelle mit Sonderzuständigkeiten weitergeführt werden. Die externe Meldestelle des Bundes beim BfJ soll mit einer Bund-Länder-übergreifenden Zuständigkeit ausgestattet werden, die sowohl den öffentlichen Sektor als auch die Privatwirtschaft betrifft. Der externen Meldestelle des Bundes soll darüber hinaus die Aufgabe zukommen, Personen, die eine Meldung erwägen, umfassend über die zur Verfügung stehenden Verfahren zu informieren und zu beraten. Den Ländern steht es frei, für Meldungen, die die jeweilige Landesverwaltung und die jeweiligen Kommunalverwaltungen betreffen, eigene externe Meldestellen einzurichten.

> **§ AUSZUG GESETZESTEXT**
>
> *§ 19 Abs. 1 und 2 HinSchG*
> *(1) [1]Der Bund errichtet beim Bundesamt für Justiz eine Stelle für externe Meldungen (externe Meldestelle des Bundes). [2]Die externe Meldestelle des Bundes ist organisatorisch vom übrigen Zuständigkeitsbereich des Bundesamts für Justiz getrennt.*
>
> *(2) [1]Die Aufgaben der externen Meldestelle des Bundes werden unabhängig von den sonstigen Aufgaben des Bundesamts für Justiz wahrgenommen. [2]Die Dienstaufsicht über die externe Meldestelle des Bundes führt die Präsidentin oder der Präsident des Bundesamts für Justiz. [3]Die externe Meldestelle des Bundes untersteht einer Dienstaufsicht nur, soweit nicht ihre Unabhängigkeit beeinträchtigt wird.*

Die Aufgaben der externen Meldestelle sind mit denen der internen Meldestelle zu vergleichen. Die externe Meldestelle betreibt die Meldekanäle, über die die Meldungen von Hinweisgebenden abgegeben werden können. Außerdem überprüft die externe Meldestelle die Stichhaltigkeit der eingegangenen Meldungen. In ihren Aufgabenbereich fällt darüber hinaus das

Ergreifen von Folgemaßnahmen. Externe Meldestellen sind zudem dazu verpflichtet, auf der Webseite umfangreiche Informationen über Abhilfemöglichkeiten sowie über den Hinweisgeberschutz bereitzustellen. Es sind weitere externe Meldestellen bei der BaFin (§ 21 HinSchG), beim Bundeskartellamt (§ 22 HinSchG), sowie weitere Meldestellen nach § 23 HinSchG vorgesehen. Darüber hinaus kann nach § 20 HinSchG jedes Land eine eigene externe Meldestelle einrichten für Meldungen, die die jeweilige Landesverwaltung und die jeweiligen Kommunalverwaltungen betreffen.

Die externen Meldestellen arbeiten unabhängig und getrennt von den internen Meldestellen.

Das Verfahren zur Bearbeitung einer externen Meldung ähnelt dem einer internen Meldung. Laut HinSchG hat die externe Meldestelle den Eingang einer Meldung umgehend, spätestens nach sieben Tagen, zu bestätigen. Sie prüft die Stichhaltigkeit der Meldung und ergreift Folgemaßnahmen. Außerdem ist die externe Meldestelle dazu verpflichtet, der hinweisgebenden Person eine Rückmeldung nach spätestens drei Monaten zu erteilen.

b) Anonym oder öffentlich?

Nach dem HinSchG besteht keine direkte Verpflichtung, die Meldekanäle so zu gestalten, dass sie die Abgabe anonymer Meldungen ermöglichen.

> ### § AUSZUG GESETZESTEXT
>
> *§ 16 Abs. 1 HinSchG*
> *[1]Nach § 12 zur Einrichtung interner Meldestellen verpflichtete Beschäftigungsgeber richten für diese Meldekanäle ein, über die sich Beschäftigte und dem Beschäftigungsgeber überlassene Leiharbeitnehmerinnen und Leiharbeitnehmer an die internen Meldestellen wenden können, um Informationen über Verstöße zu melden. [2]Ist der Beschäftigungsgeber der Bund oder ein Land, gilt Satz 1 für die jeweiligen Organisationseinheiten entsprechend. [3]Der interne Meldekanal kann so gestaltet werden, dass er darüber hinaus auch natürlichen Personen offensteht, die im Rahmen ihrer beruflichen Tätigkeiten mit dem jeweiligen zur Einrichtung der internen Meldestelle verpflichteten Beschäftigungsgeber oder mit der jeweiligen Organisationseinheit in Kontakt stehen.*

> *[4]Die interne Meldestelle sollte auch anonym eingehende Meldungen bearbeiten. [5]Es besteht allerdings keine Verpflichtung, die Meldekanäle so zu gestalten, dass sie die Abgabe anonymer Meldungen ermöglichen.*

c) Vertraulichkeit und Anonymität geht vor und ist ein klares Signal an die Mitarbeiter!

Unternehmen sollen ein System implementieren, das die Vertraulichkeit von Hinweisen sicherstellt (Rudkowski/Schreiber, Aufklärung von Compliance-Verstößen, 2015, 191; Kaetzler in Zentes/Glaap, GWG – Geldwäschegesetz, 2022, GwG § 6 Rn. 161). Das System sollte darüber hinaus besondere Vorrichtungen für eine anonyme Abgabe von Hinweisen beinhalten; ausnahmsweise und nur nach sorgfältiger Abwägung kann auf solche besonderen Vorrichtungen für die anonyme Abgabe von Hinweisen verzichtet werden. Die Vertraulichkeit kann im Grundsatz auch durch den Einsatz von sogenannten Ombudspersonen gewährleistet werden, die zur vertraulichen Behandlung der Identität des Hinweisgebenden auch gegenüber dem Auftraggeber vertraglich verpflichtet werden. Die Stellung von Ombudspersonen gegenüber Ermittlungsbehörden ist allerdings – etwa in Bezug auf den Beschlagnahmeschutz – rechtlich nicht völlig gesichert (LG Bochum vom 16.3.2016 – II 6 Qs 1/16 sowie Rudolf StraFo 2019, 57 ff.; DICO Standard 11, S. 9). DICO ist die Abkürzung für Deutsches Institut für Compliance. Der Standard 11 ist herunterzuladen unter https://www.dico-ev.de/wp-content/uploads/2021/03/S11_STANDARD_Hinweisgebersysteme_WEB.pdf.

Auch der Datenschutz bietet hier bisweilen Grenzen des Vertrauens- und Identitätsschutzes, etwa weil ein vom Hinweisgebenden genannter Arbeitnehmer Auskunftsrechte gegenüber dem Unternehmen geltend macht (vgl. LAG Baden-Württemberg vom 20.12.2018 – 17 Sa 11/18; Altenbach/Dierkes, EU-Whistleblowing-Richtlinie und DS-GVO, CCZ 2020, 126).

Da muss stets der Schutz der Hinweisgebenden im Vordergrund stehen. Der Schutz der Hinweisgebenden ist nicht nur wegen des bestehenden Schutzbedarfs der Hinweisgebenden selbst, sondern auch zur Sicherstellung der Funktionsfähigkeit des Schutzsystems von elementarer Bedeutung. In den Fällen, in denen potentielle Hinweisgebende mögliche Repressalien aufgrund des Hinweises befürchten müssen, werden sie mit Sicherheit von der Hinweisübermittlung Abstand nehmen oder den angenommenen Missstand ausschließlich extern melden bzw. gegenüber der breiten Öffentlichkeit offenlegen (DICO Standard 11, S. 11; Bock, Criminal Compliance, 2011, 734 f.).

d) Intern besser als extern

Insgesamt ist davon auszugehen, dass es im ureigensten Interesse eines Unternehmens sein sollte, dass sich die hinweisgebende Person an die eigene interne Meldestelle wendet und nicht an eine externe Meldestelle. Nur so bleibt man Herr des Verfahrens und kann, soweit erforderlich, zügig schadensbegrenzende Maßnahmen einleiten. Eine hinweisgebende Person wird sich aber nur dann an eine interne Meldestelle wenden, wenn sie Vertrauen hat, dass die Meldung auch ernst genommen und unter Beachtung der Vertraulichkeit bearbeitet wird, dass Maßnahmen ergriffen werden und dass keine Repressalien zu erwarten sind. Ein integres Topmanagement und eine professionelle interne Kommunikation zum Thema Hinweisgebende sind unverzichtbare Voraussetzungen für den Aufbau dieser Vertrauenskultur.

aa) Anforderungen an die „interne Meldestelle"

Nach § 12 HinSchG müssen alle Unternehmen mit mehr als 50 Mitarbeitern eine eigene interne Meldestelle einrichten. Gemäß § 16 HinSchG sind die Meldekanäle so zu gestalten, dass nur die für die Entgegennahme und Bearbeitung der Meldungen zuständigen sowie die sie bei der Erfüllung dieser Aufgaben unterstützenden Personen Zugriff auf die eingehenden Meldungen haben. Es muss also sichergestellt werden, dass keine unberechtigten Personen Zugriff auf die Identität der hinweisgebenden Person oder den Hinweis selbst haben. Dies hat zugleich Auswirkungen auf die technische Ausgestaltung des internen Meldekanals.

Interne Meldekanäle müssen Meldungen in mündlicher oder in Textform ermöglichen. Mündliche Meldungen müssen per Telefon oder mittels einer anderen Art der Sprachübermittlung möglich sein. Auf Ersuchen der hinweisgebenden Person ist für eine Meldung innerhalb einer angemessenen Zeit eine persönliche Zusammenkunft mit einer für die Entgegennahme einer Meldung zuständigen Person der internen Meldestelle zu ermöglichen.

---

§ AUSZUG GESETZESTEXT

§ 16 Abs. 2 und 3 HinSchG

(2) Die Meldekanäle sind so zu gestalten, dass nur die für die Entgegennahme und Bearbeitung der Meldungen zuständigen sowie die sie bei der Erfüllung dieser Aufgaben unterstützenden Personen Zugriff auf die eingehenden Meldungen haben.

(3) [1]Interne Meldekanäle müsse Meldungen in mündlicher oder in Textform ermöglichen. [2]Mündliche Meldungen müssen per Telefon oder mittels einer anderen Art der Sprachübermittlung möglich sein. [3]Auf Ersuchen der hinweisgebenden Person ist für eine Meldung innerhalb einer angemessenen Zeit eine persönliche Zusammenkunft mit einer für die Entgegennahme einer Meldung zuständigen Person der internen Meldestelle zu ermöglichen. [4]Mit Einwilligung der hinweisgebenden Person kann die Zusammenkunft auch im Wege der Bild- und Tonübertragung erfolgen.

Von besonderer Bedeutung ist dabei der Schutz der Vertraulichkeit der Identität der hinweisgebenden Person. Wesentlich für die Akzeptanz des Hinweisgeberverfahrens ist ein wirksamer Schutz der Identität der hinweisgebenden und sämtlicher von einer Meldung betroffenen Personen. Die Identität darf dabei grundsätzlich nur den jeweils für die Bearbeitung einer Meldung zuständigen Personen bekannt sein. Informationen über die Identität einer hinweisgebenden Person oder einer Person, die Gegenstand einer Meldung ist, sollen nur in Ausnahmefällen herausgegeben werden dürfen, etwa in Strafverfahren oder auf Verlangen der Strafverfolgungsbehörden. Die **interne Meldestelle** muss:

- der hinweisgebenden Person den Eingang der Meldung nach spätestens sieben Tagen bestätigen,

- mit der hinweisgebenden Person Kontakt halten,
- die Stichhaltigkeit der eingegangenen Meldung prüfen,
- die hinweisgebende Person um eventuell weitere erforderliche Informationen ersuchen,
- angemessene Folgemaßnahmen ergreifen,
- nach drei Monaten Rückmeldung über geplante und ergriffene Folgemaßnahmen und deren Grundlagen geben.

Das HinSchG sieht folgende **Varianten der Umsetzung** vor:

1. Einrichtung einer telefonischen Hotline: Da die Meldung zu jeder Zeit möglich sein muss, muss bei einer persönlichen Hotline sichergestellt werden, dass diese permanent besetzt ist und sich keine sprachlichen Barrieren ergeben.
2. Persönliche/physische Zusammenkunft: Wünscht der Hinweisgebende eine persönliche physische Zusammenkunft mit dem Ansprechpartner, muss dies ermöglicht werden. Da der Hinweisempfänger jedoch den Meldenden in der Regel nicht persönlich kennt, dürfte sich dies in der Praxis bei anonymen Hinweisen eher schwierig gestalten.
3. Einrichtung eines IT-gestützten HGS: Die Einrichtung eines derartigen HGS ermöglicht eine vertrauliche, verschlüsselte Kommunikation zwischen Hinweisgebendem und Fallbearbeiter, die zu jeder Tages- und Nachtzeit stattfinden kann. Sofern die IP-Adresse des Meldenden bei einem derartigen System nicht gespeichert wird, ist dessen Identifizierung nicht möglich.

bb) Gemeinsame interne Meldestelle

Unternehmen mit bis zu 249 Beschäftigten können mit anderen Unternehmen zusammen eine gemeinsame Meldestelle betreiben.

---

§ | **AUSZUG GESETZESTEXT**

§ 14 Abs. 2 HinSchG

[1]*Mehrere private Beschäftigungsgeber mit in der Regel 50 bis 249 Beschäftigten können für die Entgegennahme von Meldungen und für die weiteren nach diesem Gesetz vorgesehenen Maßnahmen eine gemeinsame Stelle einrichten und betreiben.* [2]*Die Pflicht, Maßnahmen zu ergreifen, um den Verstoß*

---

abzustellen, und die Pflicht zur Rückmeldung an die hinweisgebende Person verbleiben bei dem einzelnen Beschäftigungsgeber.

cc) Pflicht zur Errichtung einer internen Meldestelle

Wer keine interne Meldestelle einrichtet oder keine interne Meldestelle betreibt, kann mit einer Geldbuße bis zu 20.000 EUR belegt werden.

e) Welche Meldekanäle kommen für Unternehmen in Frage?

Auf diese Frage gibt es keine pauschale Antwort. Eine geeignete Lösung hängt unter anderem von der Branche und der jeweiligen Größe des Unternehmens ab. Ebenso sollten das rechtliche Umfeld und die Struktur sowie das zur Verfügung stehende Budget bei einer Entscheidung mit einbezogen werden.

Die bislang bekannten Meldekanäle sind in Bezug auf ihre Praxistauglichkeit sehr unterschiedlich zu bewerten. Zudem kann auch der kombinierte Einsatz mehrerer Kanäle erwogen werden. Unternehmen berichten, dass hierdurch die Zahl der Meldungen steigt. Mitarbeiter loben im Gegenzug, dass ihre Motivation und Bedürfnisse durch eine Auswahl zwischen Meldekanälen besser zum Zuge kommen.

Schon allein das Zurverfügungstellen eines Hinweisgeberkanals wird von Mitarbeitern belohnt.

f) Ein HGS ist mehr als ein Briefkasten und auch mehr als eine Hotline

Das simpelste Tool für ein HGS ist sicherlich ein ganz normaler Briefkasten. Tatsächlich sollten eine Hotline, ein Weblink, die Kontaktadresse sowie weitere Möglichkeiten, die auf den ersten Blick nach einem „Briefkasten für Meldungen" aussehen, mehr als das sein. Hinweise sollen das Unternehmen auf ein Fehlverhalten, das Gesetz oder interne Regeln verletzt, aufmerksam machen. Das können Themen sein wie Korruption, Geldwäsche, Diskriminierung, aber auch Umweltschutz, Arbeitssicherheit und vieles mehr. Häufig melden Mitarbeitende derartige Verstöße und sie versuchen es zuerst über interne Meldekanäle. Die Mitarbeitenden erhoffen sich, dass der Arbeitgebende das missbilligende Verhalten abstellt und eventuell Abläufe verbessert. Solche

Meldungen schützen das Unternehmen und deshalb muss dafür gesorgt werden, dass das gesamte HGS umfassend ist. Da reicht eben der sprichwörtliche oder auch tatsächliche Briefkasten nicht mehr aus. Es fehlt der Meldeprozess und der Fallbearbeitungsprozess.

7. Was ist der geeignete Meldekanal?

a) Meldekanal Briefkasten: altmodisch und mit Hindernissen!

Ein Briefkasten ist von allen Meldemöglichkeiten am schnellsten und am einfachsten eingerichtet. Er ist gut sichtbar, seine Nutzung ist ohne technische Kenntnisse bekannt und möglich. Ob man bei der Briefkastennutzung allerdings wirklich anonym bleiben kann, ist fraglich. So muss der Zeitpunkt des Einwurfes sorgfältig geplant werden. Ein Hinweis sollte lieber nicht handschriftlich abgegeben werden, weil die Handschrift des Einreichers Rückschlüsse zulassen könnte. Ein weiterer Nachteil ist, dass bei einer anonymen Meldung der Hinweisgebende nicht nachfragen kann, wie mit seiner Meldung umgegangen wurde.

Die Briefkastenlösung ist aber möglich und sinnvoll bei Organisationen mit geringem oder fehlendem Zugriff auf gängige, moderne Kommunikationskanäle, wie Telefon, Internet oder auch, wenn Mitarbeiter außerhalb der Arbeitszeiten ihre Meldungen notieren und diese zu einem geeigneten Zeitpunkt einreichen können sollen.

→ HINWEIS
- Wählen Sie einen zentralen Standort innerhalb des Unternehmens.
- Der Standort sollte einen unbeobachteten Einwurf ermöglichen.
- Teilen Sie den Mitarbeitern mit, zu welchen Zeitpunkten der Briefkasten geleert wird.
- Machen Sie den Mitarbeitern klar, dass der Briefkasten kein „allgemeiner Kummerkasten" ist.

b) Meldekanal E-Mail: flexibel, aber mit Lücken beim Datenschutz

Die Nutzung eines E-Mail-Kontos ist heute beruflich und privat selbstverständlich. So liegt es nahe, ohne technischen Aufwand eine E-Mail-Adresse als digitalen Meldekanal einzurichten. Vordergründig stellt dies ein verlockendes Angebot für beide Seiten dar: der Arbeitgeber erhält Meldungen umgehend, der Hinweisgebende kann zur Umsetzung Nachfragen und Rückfragen beantworten.

Für einen Meldekanal via E-Mail spricht auch, dass Mitarbeiter außerhalb der Arbeitszeiten ihre Meldungen einreichen können. Allerdings ist ein großer Nachteil ebenso offensichtlich: wer eine E-Mail versendet, bleibt in der Regel nicht anonym. Ist Anonymität gewünscht, muss ein Account eingerichtet werden, der eine Rückverfolgung nicht zulässt. Unverschlüsselte Übermittlung und Weiterverarbeitung von Informationen zu Missständen innerhalb einer Organisation über einen gewöhnlichen E-Mail-Account genügt aber möglicherweise nicht den Anforderungen der Europäischen Datenschutzgrundverordnung. Aufgrund dieser Risiken ist die Bereitstellung eines E-Mail-Postfachs als Meldekanal allein nicht zu empfehlen.

→ HINWEIS
- Sollte das Unternehmen sich für einen Meldekanal via E-Mail entscheiden, ist höchste Sorgfalt auf Verschlüsselung und Datensicherheit zu legen.
- Ergänzen Sie den Meldekanal E-Mail um einen weiteren Kanal, der die Anonymität gewährleistet (möglich ist es auch, Ihre Mitarbeiter darauf hinzuweisen, dass sie sich selbst um einen anonymen E-Mail-Account kümmern müssen, sollten sie eine anonymisierte Übertragung von Hinweisen wünschen).

c) Meldekanal Ombudspersonen: direkter Austausch

Ombudspersonen üben ihre Tätigkeit außerhalb einer Organisation aus. Sie sind neutral und nehmen Hinweise von Arbeitnehmerinnen und Arbeitnehmern entgegen. Häufig handelt es sich bei den Ombudspersonen um Anwälte. Obwohl der Arbeitsplatz der Ombudsperson extern angesiedelt ist, gilt er als interner Meldekanal, weil die Ombudsperson im Namen des Unternehmens handelt. Die Ombudsperson ist zur Geheimhaltung verpflichtet, außerdem kann sie das Zeugnisverweigerungsrecht eines Anwalts in Anspruch nehmen. So können Hinweisgebende darauf vertrauen, anonym zu bleiben.

Eine Ombudsperson verfügt in aller Regel über juristisches Fachwissen und ist daher für ein persönliches Gespräch sowie für die Nachverfolgung einer Meldung sehr gut geeignet.

Das persönliche Gespräch ist es aber eben auch manchmal, was manche Hinweisgebende vermeiden wollen. Vor diesem Hintergrund ist die Ombudsperson allein nicht unbedingt die optimale Lösung.

d) Wann ist der Einsatz einer Ombudsperson für Ihr Unternehmen sinnvoll?

Eine externe Ombudsperson ist besonders für mittelständische Unternehmen und kleine Gemeinden empfehlenswert, die intern keine Ressourcen aufbieten können, um Whistleblowing organisatorisch umzusetzen. Für international aufgestellte Organisationen und Betriebe mit internationaler Belegschaft ist es selbstverständlich, dass die Ombudsperson bzw. Ombudspersonen über Grundkenntnisse mehrerer Sprachen verfügen.

→ **HINWEIS**

> Durch das nicht optimale Alleinstellungsmerkmal der Ombudsperson als Meldekanal für Hinweisgebende ist es ratsam, die Vertrauensperson mit einem weiteren Kanal zu kombinieren. Erprobt ist die zusätzliche Einrichtung eines digitalen HGS.

e) Meldekanal Telefon: beliebt, aber nicht immer anonym

Der Meldekanal Telefon ist fast so einfach wie der Briefkasten.

Entweder wird ein externer Dienstleister zwischengeschaltet und Hinweise am Telefon aufgenommen und an den Auftraggeber, das Unternehmen, weitergeleitet. Es entsteht also ein Gespräch zwischen zwei Menschen, was oft detaillierte Hinweise erbringt.

Zudem gibt es die Möglichkeit, die Meldung auf einem Anrufbeantworter zu hinterlassen. Der Text wird dann übernommen und weitergeleitet. Die Nutzung eines Anrufbeantworters ist auch nicht an die Dienstzeiten eines Callcenters gebunden.

Beide Möglichkeiten bergen allerdings Probleme in sich, da die reine Techniknutzung über einen Anrufbeantworter oder auch das direkte Gespräch eine eventuelle Rückverfolgung der Anrufkennung ermöglichen und somit auch die gewünschte Anonymität gefährdet ist. Zugleich können Übertragungs- und Verbindungsfehler die Qualität der Meldung beeinträchtigen. Als größter Nachteil stellt sich aber bei diesen Lösungen stets heraus, dass es über sprachliche Mitteilungen nicht hinausgeht, Schriftstücke also nicht ausgetauscht oder vorgelegt werden können.

Bei kleinen Unternehmen ergibt sich zudem die Problematik, dass schon anhand der Stimme der Hinweisgebende erkannt werden kann, wodurch die Anonymität gleichfalls gefährdet ist.

f) Wann ist ein Meldekanal Telefonlösung für das Unternehmen sinnvoll?

Für einen telefonischen Meldekanal spricht, dass Mitarbeiter, die beruflich und privat nicht an das Internet angeschlossen sind, ihre Meldungen weitergeben können. Das Telefon bietet durch den persönlichen Dialog mit dem Hinweisgebenden Hemmschwellen abzubauen und ist auch bei Lese- und Rechtschreibschwäche geeignet, Informationen strukturiert aufzunehmen.

Ebenso wie die Ombudsperson ist die Telefonlösung ein Instrument, welches dual eingesetzt werden sollte. Als zweites Element eignen sich der einfache Briefkasten oder ein umfassendes digitales HGS. Gegen die Telefonlösung spricht die mangelnde Anonymität für den Hinweisgebenden (selbst bei unterdrückter Rufnummer lässt die Stimme Rückschlüsse zu). Überdies besteht keine Möglichkeit, Dokumente geschützt zu übermitteln. Neben weiteren Schwierigkeiten kostet ein Telefonat häufig Überwindung und selbst bei Anrufbeantworterlösungen können Verbindungs- und Tonprobleme zu Übertragungs- oder Verständnisfehlern führen.

E-Mail- und webbasiertes Reporting haben die Telefonhotlines längst überholt:

- 40 % E-Mail
- 33 % webbasiertes Meldesystem
- 27 % Telefon

E-Mail und webbasiertes Reporting haben die Telefonhotlines längst überholt (in %)

Quelle: https://acfepublic.s3.us-west-2.amazonaws.com/2022+Report+to+the+Nations.pdf

→ **HINWEIS**

Die telefonische Kontaktaufnahme sollte möglichst anonym erfolgen, etwa über ein zur Verfügung gestelltes Passwort oder, ähnlich wie bei der Polizei, über eine „Fallnummer".

g) Digitales HGS: anonym und effizient

Die Etablierung eines digitalen Meldesystems ermöglicht es Unternehmen, den gesetzlichen Anforderungen für die Einrichtung eines internen Meldekanals vollumfänglich gerecht zu werden, Risiken frühzeitig zu identifizieren und Reputationsschäden sowie Haftungsrisiken zu vermeiden.

Ein digitales Meldesystem lässt sich zudem optimal in ein bestehendes Compliance-Management-System integrieren, ist zu jeder Uhrzeit und von jedem Ort aus erreichbar und bietet der hinweisgebenden Person eine zentrale Anlaufstelle.

8. Wer darf Hinweise entgegennehmen?

Nach § 15 HinSchG müssen die mit den Aufgaben einer internen Meldestelle beauftragten Personen bei der Ausübung ihrer Tätigkeit unabhängig sein. Sie können neben ihrer Tätigkeit für die interne Meldestelle andere Aufgaben und Pflichten wahrnehmen. Es ist dabei allerdings sicherzustellen, dass derartige Aufgaben und Pflichten nicht zu Interessenkonflikten führen.

§	AUSZUG GESETZESTEXT

§ 15 HinSchG
(1) [1]Die mit den Aufgaben einer internen Meldestelle beauftragten Personen sind bei der Ausübung ihrer Tätigkeit unabhängig. [2]Sie dürfen neben ihrer Tätigkeit für die interne Meldestelle andere Aufgaben und Pflichten wahrnehmen. [3]Es ist dabei sicherzustellen, dass derartige Aufgaben und Pflichten nicht zu Interessenkonflikten führen.

> *(2) ¹Beschäftigungsgeber tragen dafür Sorge, dass die mit den Aufgaben einer internen Meldestelle beauftragten Personen über die notwendige Fachkunde verfügen. ²Ist der Beschäftigungsgeber der Bund oder ein Land, gilt Satz 1 für die jeweiligen Organisationseinheiten entsprechend.*

Darüber hinaus ist das Unternehmen verpflichtet, dafür Sorge zu tragen, dass die mit den Aufgaben einer internen Meldestelle beauftragten Personen über die notwendige Fachkunde verfügen. Sie müssen also geschult sein und fortgebildet werden.

Deshalb stellt sich für kleinere oder mittlere Unternehmen die Frage, ob es bei der zu erwartenden geringen Anzahl von Hinweisen sinnvoll ist, eine interne Person mit der Bearbeitung von Hinweisen zu beauftragen und diese Person entsprechend zu qualifizieren. Es wird in der Regel effizienter sein, eine erfahrene externe Ombudsperson mit der Entgegennahme und ersten Bearbeitung von eingehenden Hinweisen zu beauftragen. Die Ombudsperson, die den Anruf in diesem Fall entgegennimmt, ist aber ein zur Wahrheit verpflichteter Zeuge. Auch einem Rechtsanwalt stehen in dieser Phase keine besonderen Zeugnisverweigerungsrechte zu. Deshalb nennt der Gesetzgeber in der amtlichen Begründung zu §14 HinSchG als mögliche Dritte, die eine interne Meldestelle betreiben können, externe Berater, Prüfer, Gewerkschaftsvertreter oder Arbeitnehmervertreter.

9. Ablauf bei internen Meldungen

Gemäß §17 HinSchG sind folgende **Verfahrensregelungen** zu beachten:
- Eingangsbestätigung an die hinweisgebende Person spätestens nach sieben Tagen,
- Prüfung, ob der gemeldete Verstoß in den sachlichen Anwendungsbereich des §2 HinSchG fällt,
- Kontakt mit der hinweisgebenden Person halten, gegebenenfalls um weitere Informationen ersuchen,
- Stichhaltigkeit der eingegangenen Meldung prüfen,
- angemessene Folgemaßnahmen ergreifen,
- Rückmeldung an die hinweisgebende Person innerhalb von drei Monaten nach der Bestätigung des Eingangs der Meldung,

- Rückmeldung soll die Mitteilung geplanter sowie bereits ergriffener Folgemaßnahmen sowie die Gründe für diese enthalten, sofern dadurch interne Nachforschungen oder Ermittlungen nicht berührt und die Rechte der Personen, die Gegenstand einer Meldung sind oder die in der Meldung genannt werden, nicht beeinträchtigt werden,
- Hinweise sind unter Beachtung des Vertraulichkeitsgebots zu dokumentieren. Die Dokumentation wird drei Jahre nach Abschluss des Verfahrens gelöscht. Die Dokumentation kann länger aufbewahrt werden, um die Anforderungen nach dem HinSchG oder nach anderen Rechtsvorschriften zu erfüllen, solange dies erforderlich und verhältnismäßig ist.

10. Welche Rechtsgebiete werden vom Hinweisgeberschutz umfasst?

Hinweisgebende Personen sollen auf den Schutz des HinSchG vertrauen können, wenn sie Fehlverhalten melden. Dabei kann das Fehlverhalten auf das Unternehmen zurückzuführen sein, weil es vielleicht hiervon profitiert. Umgekehrt kann aber auch das Fehlverhalten in einer Schädigung des Unternehmens selbst liegen.

> ⇨ **DIE BEISPIELE SIND HIER VIELZÄHLIG**
>
> - Lebensmittel werden umetikettiert, um höherwertig bzw. noch haltbar zu sein.
> - Das Unternehmen unterlässt die vorgeschriebenen Qualitätskontrollen.
> - Der Vertrieb besticht mit Wissen der Geschäftsführung Kunden, um wichtige Aufträge zu erhalten.
> - Es werden Preis- oder Gebietsabsprachen getroffen, um den Wettbewerbsdruck zu mildern.
> - Das Unternehmen publiziert geschönte Zahlen.
> - Ein Beratungsunternehmen stellt dem Kunden mehr Stunden in Rechnung als wirklich angefallen sind.
> - Ein Automobilhersteller verzichtet aus Kostengründen auf eine erforderliche Rückrufaktion zum Austausch sicherheitsrelevanter defekter Teile.

- Ein Vertriebsmitarbeiter in der Versicherungs-branche fälscht Kundenverträge, um höhere Vertriebsprovisionen zu bekommen.
- Mitarbeiter fälschen Anwesenheits- und Urlaubs-listen, um eine höhere Vergütung zu bekommen.
- Mitarbeiter nutzen den Dienstwagen ohne Genehmigung für private Zwecke.
- Mitarbeiter stehlen Waren eines Kaufhauses.
- usw.

Das HinSchG nennt ausdrücklich folgende Vor-schriften:

1. Verstöße gegen Strafvorschriften: Dies umfasst jede Strafnorm nach deutschem Recht.
2. Verstöße, die bußgeldbewährt sind, soweit die verletzte Vorschrift dem Schutz von Leben, Leib und Gesundheit oder dem Schutz der Rechte von Beschäftigten oder ihrer Vertretungsorgane dient. Diese Regelung ist nach dem Willen des Gesetz-gebers weit zu verstehen. Eine Bußgeldvorschrift dient dem Schutz von Leben, Leib oder Gesundheit oder dem Schutz der Rechte von Beschäftigten oder ihrer Vertretungsorgane, wenn sie diesen Schutz be-zweckt oder dazu beiträgt, den Schutz der genannten Rechtsgüter und Rechte zu gewährleisten. Darunter fallen beispielsweise Vorschriften aus folgenden Be-reichen:
   - Arbeitsschutz,
   - Gesundheitsschutz,
   - Verstöße gegen das Mindestlohngesetz,
   - Vorgaben des Arbeitnehmerüberlassungsgesetzes,
   - Bußgeldvorschriften, die Verstöße gegen Aufklä-rungs- und Auskunftspflichten gegenüber Or-ganen der Betriebsverfassung, wie Betriebsräten, Gesamtbetriebsräten, Konzernbetriebsräten, Wirt-schaftsausschüssen sanktionieren (§ 121 BetrVG).
3. Darüber hinaus sind alle Verstöße gegen Rechts-normen umfasst, die zur Umsetzung europäischer Regelungen getroffen werden. Dies umfasst eine Vielzahl verschiedener Bereiche, die zur Umset-zung der EU-Whistleblower-Richtlinie im HinSchG enthalten sind. Dies sind beispielsweise folgende Bereiche:
   - Regelungen zur Bekämpfung der Geldwäsche,
   - Vorgaben zur Produktsicherheit,
   - Vorgaben zur Beförderung gefährlicher Güter,
   - Vorgaben zum Umweltschutz, Strahlenschutz,
   - Lebensmittel- und Futtermittelsicherheit,
   - Qualitäts- und Sicherheitsstandards bei Arznei-mitteln und Medizinprodukten,
   - Regelungen des Verbraucherschutzes,
   - Regelungen des Datenschutzes,
   - Sicherheit in der Informationstechnik,
   - Vergaberecht,
   - Regelungen zur Rechnungslegung bei Kapital-gesellschaften.
4. Unethisches oder unmoralisches Handeln ist leider im Gesetz nicht genannt.

→ **HINWEIS**

Unternehmen können aber ebenso entscheiden, dass auch über das CMS hinausgehende Sachverhalte bzw. über das HinSchG hinausgehende Sachverhalte – also eben unethisches oder unmoralisches Handeln – mitgeteilt werden können, beispielsweise erhebliche Reputationsrisiken, soweit dafür keine sonstigen Ka-näle eingerichtet werden (Thüsing/Forst in Thüsing, Beschäftigtendatenschutz, 3. Auflage 2021, Kap. 6 Rn. 25 ff.; Inderst/Steiner in Inderst/Bannenberg/Poppe, Compliance, 3. Auflage 2017, Kap. 3 Rn. 61; DICO Standard 11, S. 9).

11. Folgemaßnahmen einschließlich der gesetzlich vorgeschriebenen Fristen

Meldestellen können insbesondere:

- interne Untersuchungen durchführen und betrof-fene Personen und Arbeitseinheiten kontaktieren,
- die hinweisgebende Person an andere zuständige Stellen verweisen,
- das Verfahren aus Mangel an Beweisen oder aus anderen Gründen abschließen oder
- das Verfahren an eine zuständige Behörde zwecks weiterer Untersuchungen abgeben.

12. Sanktionen im HinSchG

Das HinSchG regelt auch die Folgen eines nicht gesetzeskonformen Verhaltens. In § 40 HinSchG finden sich die entsprechenden Bußgeldvorschriften.

> **§ | AUSZUG GESETZESTEXT**
>
> *§ 40 HinSchG*
>
> *(1) Ordnungswidrig handelt, wer wissentlich entgegen § 32 Absatz 2 eine unrichtige Information offenlegt.*
>
> *(2) Ordnungswidrig handelt, wer*
> 1. *entgegen § 7 Absatz 2 eine Meldung oder dort genannte Kommunikation behindert,*
> 2. *entgegen § 12 Absatz 1 Satz 1 nicht dafür sorgt, dass eine interne Meldestelle eingerichtet ist und betrieben wird,*
>   *oder*
> 3. *entgegen § 36 Absatz 1 Satz 1, auch in Verbindung mit § 34, eine Repressalie ergreift.*
>
> *(3) Ordnungswidrig handelt, wer vorsätzlich oder leichtfertig entgegen § 8 Absatz 1 Satz 1 die Vertraulichkeit nicht wahrt.*
>
> *(4) Ordnungswidrig handelt, wer eine in Absatz 3 bezeichnete Handlung fahrlässig begeht.*
>
> *(5) Der Versuch einer Ordnungswidrigkeit kann in den Fällen des Absatzes 2 Nummer 1 und 3 geahndet werden.*
>
> *(6) [1]Die Ordnungswidrigkeit kann in den Fällen des Absatzes 2 Nummer 1 und 3, der Absätze 3 und 5 mit einer Geldbuße bis zu fünfzigtausend Euro, in den Fällen der Absätze 1 und 2 Nummer 2 mit einer Geldbuße bis zu zwanzigtausend Euro und in den übrigen Fällen mit einer Geldbuße bis zu zehntausend Euro geahndet werden. [2]§ 30 Absatz 2 Satz 3 des Gesetzes über Ordnungswidrigkeiten ist in den Fällen des Absatzes 2 Nummer 1 und 3 und der Absätze 3 und 4 anzuwenden.*

Bußgelder werden fällig:
- für die wissentliche Offenlegung einer unrichtigen Information,
- für die Nicht-Einrichtung und das Nicht-Betreiben einer internen Meldestelle,
- für die Behinderung einer Meldung oder den Versuch einer Behinderung,
- für eine Repressalie oder den Versuch einer Repressalie gegen hinweisgebende Personen sowie
- für die vorsätzliche oder fahrlässige Nicht-Wahrung der Vertraulichkeit.

Der Bußgeldrahmen bis zu 50.000 EUR gilt für die Unternehmensverantwortlichen. Für die Unternehmen selbst (juristische Personen und Personenvereinigungen) kann sich in bestimmten Konstellationen im Zusammenhang mit der Verhinderung einer Meldung oder bei einem Verstoß gegen das Vertraulichkeitsgebot der Bußgeldrahmen aufgrund des Verweises auf § 30 Absatz 2 Satz 3 des Gesetzes über Ordnungswidrigkeiten **verzehnfachen** und somit **bis zu 500.000 EUR** betragen.

4 Wie implementiere ich ein Hinweisgebersystem in meinem Unternehmen?

Egal, ob freiwillig oder durch gesetzliche Pflicht, mit der Umsetzung sollte alsbald begonnen werden. Das HinSchG beschreibt zwar klar das „Ob", bei der Frage des „Wie" bleibt aber Einiges offen.

Die Anbieter von rein digitalen Lösungen bieten zwar eine technische Hilfestellung; für eine effiziente „Hinweisgeber-Kultur" des Unternehmens braucht man aber mehr.

Im Vorteil sind zum Beispiel die Unternehmen, die bereits über ein CMS verfügen.

Unabhängig davon, ob man gleich nach einem ISO-Standard vorgehen will oder erst später – wenn überhaupt, bietet sich hier die sogenannte **Plan-Do-Check-Act-Methode (PDCA)** *an.*

1. Implementierung in ein vorhandenes CMS

Verfügt das Unternehmen bereits über ein CMS, dann sind die entsprechenden Strukturen bereits weitestgehend vorhanden bzw. mit relativ wenig Aufwand anzupassen.

Aber auch für den Fall, dass bereits fast alles vorhanden sein sollte, wird die Checkliste am Ende dieser Broschüre hilfreich sein.

2. Gleichzeitige Implementierung des HGS mit einem neu zu schaffenden CMS

Viele Unternehmen verfügen bereits über ein effizientes CMS und auch im Mittelstand ist dieses Thema längst angekommen (Fissenewert, Das Hinweisgeberschutzgesetz, ZCG 2022, 257). Mehr als 50 Prozent der mittelständischen Unternehmen verfügen bereits über CMS.

Für diejenigen, die noch nicht über ein CMS verfügen, ist nun der ideale Zeitpunkt zur Implementierung. Zwar gibt es noch keine gesetzliche Pflicht zur Schaffung eines CMS, immerhin aber eine Pflicht „durch die Hintertür". Die Einführung der Datenschutzgrundverordnung (DS-GVO) einhergehend mit der Androhung empfindlicher Geldbußen hat dazu geführt, dass die meisten Unternehmen mittlerweile klare Richtlinien zur Beachtung des Datenschutzes haben. Dies ist bereits ein Teil von Compliance. Auch die sogenannte Tax-Compliance gehört hierzu. Die Finanzverwaltungen erwarten von den Unternehmen, dass diese interne Steuerkontrollsysteme aufbauen, um die Einhaltung steuerlicher Pflichten im Unternehmen sicherzustellen. Unternehmen, die nicht über derartige Kontrollsysteme verfügen, haben gegenüber den Finanzbehörden deutlich schwierigere Argumentations- und Rechtfertigungsmöglichkeiten. Auch die Gerichte knüpfen immer mehr an die allgemeine Legalitätspflicht in Haftungsfragen an. So jüngst das OLG Nürnberg, das sich am 30. März 2022 (Aktenzeichen 12 U 1520/19) unter anderem mit der Frage auseinandergesetzt hat, ob und

inwiefern der Geschäftsführer einer GmbH für die Einrichtung und Überwachung eines angemessenen CMS Sorge zu tragen hat. Die Antwort des Gerichts fiel deutlich aus und stärkt die bisher ergangene Rechtsprechung.

3. Hinweismanagementsysteme nach ISO 37002

Die **ISO 37002** regelt das Whistleblowingmanagementsystem und bietet Unternehmen systematisch aufeinander abgestimmte Elemente zum Aufbau, zur Umsetzung, Aufrechterhaltung und Optimierung eines funktionsfähigen Systems zur Meldung von Hinweisen über Fehlverhalten und einhergehenden Risiken. Die Norm ist international und daher ideal geeignet für internationale Unternehmen.

Grundlage sind die Grundsätze von **Vertrauen, Objektivität und Sicherheit.**

Die **Ziele** sind:
- Möglichkeiten zur Äußerung von Bedenken und zur Meldung von Verstößen,
- Prozesse zum Schutz derjenigen, die Bedenken und Verstöße benennen oder daran beteiligt sind,
- rechtzeitige Analyse und Bewertung von Meldungen,
- Maßnahmen zur Reduzierung von Risiken und Verstößen,
- Optimierung der Unternehmenskultur und -führung.

Die Anforderungen der ISO 37002 sind für alle Unternehmen von Relevanz und haben unabhängig von der Art, Größe und Tätigkeit eines Unternehmens Anwendung zu finden. Die Norm ist somit auch für Unternehmen privater, öffentlicher oder auch gemeinnütziger Natur von Bedeutung.

Vor dem Hintergrund des Hinweisgeberschutzgesetzes bietet die ISO 37002 einen praxisrelevanten Leitfaden zur Implementierung eines zertifizierten HGS. Die Anforderungen des Hinweisgebenden-Management-Systems sind dann besonders sinnvoll, wenn sie mit anderen Standards, wie etwa dem Compliance-Management-System nach ISO 37301, kombiniert werden.

Implementierung nach dem PDCA-Modell:

PDCA (Plan-Do-Check-Act), also Planen, Umsetzen, Prüfen, Handeln, ist eine Methode, um Teamprozesse und Produkte kontinuierlich zu verbessern.

Der Plan-Do-Check-Act-Zyklus ist ein Modell zur Umsetzung von Veränderungen. Die sogenannten Management-Normen der ISO (zum Beispiel ISO 9001 für Qualitätsmanagement oder ISO 37002 für Compliance-Management-System) basieren auf dieser Methode. Wer ein ISO-Management-System kennt, findet sich auch in den anderen Systemen leicht zurecht: „Kennt man eines, kennt man alle." Nach dem PDCA-Zyklus soll ein System oder eine Maßnahme zunächst geplant werden (Plan), anschließend wird sie umgesetzt (Do), dann ihre Wirksamkeit evaluiert (Check), damit sie anschließend bei Bedarf optimiert werden kann (Act).

PDCA ist eine einfache Methode, mit der Teams wiederkehrende Fehler vermeiden und Prozesse verbessern können.

In der Planungsphase ist schlicht zu planen, was zu tun ist. Abhängig vom Umfang des Projekts kann die Planung einen großen Teil der Arbeit des Teams beanspruchen. Normalerweise besteht der Prozess aus kleineren Schritten, so dass ein ordentlicher Plan mit weniger Fehleranfälligkeit erarbeitet werden kann.

Die Umsetzungsphase bedeutet, den Plan in eine Handlungsphase zu überführen. In dieser Phase ist alles umzusetzen, was in der vorherigen Phase berücksichtigt wurde.

Die Prüfungsphase ist die vermutlich wichtigste Phase des PDCA-Zyklus. Wenn sie Ihren Plan klar formulieren, wiederkehrende Fehler vermeiden und kontinuierliche Verbesserungen anstreben möchten, ist der Check-Phase genügend Aufmerksamkeit zu schenken. Hier ist die Umsetzung des Plans zu prüfen und auch, ob der ursprüngliche Plan tatsächlich funktioniert hat. Darüber hinaus kann das Team problematische Teile des aktuellen Prozesses identifizieren und für die Zukunft beseitigen bzw. verbessern. Wenn während des Prozesses etwas schiefgelaufen ist, sollte es analysiert und die Ursache der Probleme gefunden werden.

Die Handlungsphase stellt die letzte Phase des Zyklus dar. Zuvor wurde der Plan entwickelt, umgesetzt und überprüft. Jetzt muss auf die Ergebnisse reagiert werden.

Im Ergebnis bietet PDCA wesentliche **Vorteile:**
- Förderung der kontinuierlichen Verbesserung von Menschen und Prozessen,
- Teamerfahrung, mögliche Lösungen in einem kleinen Maßstab und in einer kontrollierten Umgebung zu testen,
- Verhinderung, dass wiederkehrende Fehler den Arbeitsprozess stören.

Im Folgenden wird der PDCA-Prozess etwas abgewandelt für die Implementierung eines HGS dargestellt. Im Übrigen ist der Aufbau auf Basis eines PDCA-Modells immerhin hilfreich, will man später das System auch zertifizieren lassen. Gut zu wissen: Der neue Standard für ein CMS, ISO 37301, stärkt auch den Schutz von Hinweisgebenden. Die Norm ist zertifizierbar.

Auch für die Einrichtung von HGS gibt es einen ISO-Standard, nämlich ISO 37002. Dieser zielt darauf ab, Richtlinien für die Implementierung, Verwaltung, Evaluierung, Aufrechterhaltung und Verbesserung von effektiven Hinweisgebenden bereitzustellen. Derzeit ist ISO 37002 aber (noch) nicht zertifizierbar.

In jedem Fall sollten aber die Implementierungen, gleich welcher Art und gleich nach welchem Ziel, dem PDCA-Standard folgen, um später darauf eine Zertifizierung aufbauen zu können.

5 Checkliste: In 4 Schritten zum HGS

Im vorangegangenen Kapitel haben wir die Vorteile des Plan-Do-Check-Act-Modells erläutert. Nun folgen Checklisten, Erläuterungen und Beispiele, die Ihnen bei der Umsetzung Ihres HGS behilflich sein sollen.

1. Planung (Plan)

→ Umsetzungsteam	☐
→ Planung Meldeprozess	☐
→ Planung Fallbearbeitungsprozess	☐
→ Evaluierung	☐
→ Erstellung Projektplan	☐

2. Umsetzung (Do)

→ Implementierung Meldeprozess	☐
→ Implementierung des Fallbearbeitungsprozesses	☐
→ Nationale und internationale gesetzliche Anforderungen beachten	☐
→ Technische Umsetzung	☐
→ Roll-out	☐
→ Kommunikation	☐
→ Dokumentation	☐
→ Schulung	☐

3. Prüfung (Check)

→ Interne Audits	☐
→ Messen/Monitoren	☐
→ Feedback einholen	☐
→ Verbesserungsvorschläge/Bewertungen	☐
→ Weiter kommunizieren	☐
→ Hinweismanagement	☐
→ Dokumentation	☐

4. Verbesserung (Act)

→ Fortlaufende Kommunikation	☐
→ Falluntersuchungen durchführen	☐
→ Weitere Trainings	☐
→ Personalumfragen	☐
→ Regelmäßige Bewertungen	☐
→ Regelmäßige Verbesserungen	☐

1. Planung (Plan)

Der erste Schritt beginnt mit dem Beschluss der Unternehmensleitung, gleich ob freiwillig oder begründet auf gesetzlichem Zwang. Dies ist der Startschuss. Der Beschluss der Unternehmensleitung muss auch vom Willen der Unternehmensleitung getragen werden, ganz ähnlich wie beim „Tone from the top" bei einem Compliance-Management-System.

Auch wenn das Unternehmen verpflichtet ist, ein HGS zu implementieren, liegt die konkrete Ausgestaltung weitestgehend im Ermessen der Unternehmensleitung, begleitet durch die rechtlichen Vorgaben. Beeinflussende Faktoren sind unter anderem Art, Größe und Organisation des Unternehmens, der anzuwendende Rechtsrahmen, die Länder, in denen das Unternehmen gegebenenfalls tätig ist und auch die in der Vergangenheit empfangenen Meldungen (Berger in Ruhmannseder/Behr/Krakow, Hinweisgebersysteme, 2. Auflage 2021, Rn. 186). Neben dem „Tone from the top" ist auch wichtig, welchen Rahmen die Unternehmensleitung setzt. Ist nur das gesetzlich Erforderliche gewünscht oder soll weitergehend eine Speak-Up-Kultur gefördert werden (Drenckhan, Checkliste: In fünf Schritten zum Hinweisgebersystem, CB 2021, 459 (461))? Dazu gehört auch die Frage, ob anonyme Meldungen erlaubt sein sollen und wie weit die unternehmensinternen Kanäle gegenüber Geschäftspartnern oder vielleicht sogar der Öffentlichkeit geöffnet werden.

Je nach Art, Größe und Umfang sind hier natürlich unterschiedliche finanzielle Aspekte zu beachten, die gleichfalls von der Unternehmensleitung auf den Weg gebracht werden müssen.

a) Umsetzungsteam/Workshop/Aufgabenverteilung

In der Planungsphase soll zunächst ein Konzept für das HGS erarbeitet werden, welches insbesondere den Anwendungsbereich des Systems (Ziffer 2.1.1) und die für den Empfang der Hinweise zuständige Stelle (Ziffer 2.1.2) festlegt (Ziffer 2 ICC Guidelines on Whistleblowing). Weiter wird bestimmt, ob Vorkehrungen zur Erleichterung anonymer Hinweise getroffen werden (Ziffer 2.1.3) und ob zentrale oder dezentrale Systeme (Ziffer 2.1.4) umgesetzt werden (Rapsberger/Pilecky in Sartor/Freiler-Waldburger, Praxisleitfaden Compliance 2015, 164 f.; Matjuk comply 1/17, 40 ff.). Abschließend soll die Form der Meldung festgelegt werden.

Nach dem Beschluss der Unternehmensleitung sollte umgehend ein Kick-off-Meeting stattfinden, mit Personen, die sich mit Compliance- bzw. Hinweisgeberthemen auskennen sowie weiteren Personen, deren Mitwirkung im späteren Verlauf gefragt ist. Sie können ihre Erfahrungen und Bedürfnisse einbringen und später notwendig werdende Tätigkeiten einplanen. Dies sind in der Regel IT-, Kommunikations-, HR-, Audit-, Legal-, Compliance- und Datenschutzbeauftragte. Weitere Stakeholder einzubeziehen, kann ebenfalls sehr sinnvoll sein. Bei diesem Kick-off-Meeting kann erstmals auch über das gesprochen werden, was bereits da ist, was noch umzusetzen ist, was gegebenenfalls zu ändern ist oder eben, was gänzlich neu erschaffen werden muss.

Dabei kann es auch hilfreich sein, beispielsweise in der Vergangenheit eingegangene Meldungen daraufhin zu untersuchen, wie diese Meldungen erfolgten und wie mit ihnen umgegangen wurde vor der Frage, ob das Verfahren noch state of the art ist und gegebenenfalls sogar den gesetzlichen Ansprüchen genügt, oder ob darüber hinaus nicht eine besondere Kultur im Unternehmen geschaffen werden soll.

b) Planung des Meldeprozesses
Sodann ist zu planen, wer die eingehenden Meldungen empfängt (ausführlich zur Organisation Clodius/Warda CB 2021, 137 (138)), wer melden darf, was gemeldet werden soll, wie die Vertraulichkeit sichergestellt wird, welche Meldekanäle gewählt werden (intern oder extern) bzw. welche Meldekanäle bereits zur Verfügung stehen.

Zu klären ist, wer die eingehenden Meldungen empfängt, wer melden darf, was gemeldet werden soll (Kategorien), wie die Vertraulichkeit sichergestellt wird, welche Meldekanäle zur Verfügung stehen sollen und wie die Kommunikation in welchen Fristen und welcher Form mit dem Meldenden erfolgt.

Hieraus ergibt sich, ob und welches Tool bzw. welche gemeinsamen Tools gegebenenfalls zum Einsatz kommen, wer einbezogen und wie die spätere Kommunikation aussehen wird.

Dieser Prozess nimmt regelmäßig einige Zeit in Anspruch, je nachdem, für welchen Meldekanal man sich entscheidet, wie groß das Unternehmen ist bzw. in welcher Branche man tätig ist.

Meldungen sollten mündlich oder schriftlich abgegeben werden können und ein persönliches Gespräch sollte ebenfalls möglich sein.

Entscheidet sich das Team für eine dezentrale Lösung, muss sichergestellt werden, dass die Konzernleitung einen Überblick über eingehende Meldungen erhält und welche Maßnahmen daraus folgen.

c) Planung des Fallbearbeitungsprozesses

Was passiert, wenn eine Meldung eingeht? Eine derartige Meldung muss auf ihre Relevanz und Stichhaltigkeit („Plausibilitätscheck") geprüft werden. Nicht Compliance-relevante Fälle werden ausgeschlossen oder an andere zuständige Abteilungen weitergeleitet und relevante Meldungen werden untersucht. Je nach Untersuchungsergebnis muss das Fehlverhalten abgestellt, Sanktionen ergriffen und/oder Verbesserungsmaßnahmen ergriffen werden (Clodius/ Warda CB 2021, 137 (141 ff.); Berger in Ruhmannseder/ Behr/Krakow, Hinweisgebersysteme, 2. Auflage 2021, Rn. 160 ff.).

Zu diesem Zweck sind Zuständigkeiten und Abläufe zu bestimmen. Dabei ist die Unabhängigkeit der Untersuchung sicherzustellen.

Die Frage der Fallbearbeitung betrifft auch den Zeitraum, innerhalb dessen der Hinweisgebende informiert wird. Jeder Schritt der Fallbearbeitung ist revisionssicher zu dokumentieren und die Vertraulichkeit der Fallbearbeitung ist abzusichern (Clodius/Warda CB 2021, 137 (140)).

d) Evaluierung möglicher Tools und Hilfspersonen

Sobald die Entscheidungen über die erforderlichen Meldekanäle getroffen sind, müssen gegebenenfalls die passenden Provider, technische Mittel oder auch Ombudspersonen ausgewählt oder/und geschult werden.

e) Erstellung des Projektplans

Die einzelnen Schritte sind schließlich in einem Projektplan zusammenzufassen. Dieser bestimmt, wer für was verantwortlich ist und welche Maßnahmen bis wann umgesetzt werden müssen.

2. Umsetzung (Do)

Ist die Planungsphase abgeschlossen, geht es im weiteren Schritt darum, das Projekt Schritt für Schritt umzusetzen. Da muss stets der Schutz der Hinweisgebenden im Vordergrund stehen. Der Schutz der Hinweisgebenden ist nicht nur wegen des bestehenden Schutzbedarfs der Hinweisgebenden selbst, sondern auch zur

Sicherstellung der Funktionsfähigkeit des Schutzsystems von elementarer Bedeutung. In den Fällen in denen potentielle Hinweisgebende mögliche Repressalien aufgrund des Hinweises befürchten müssen, werden sie mit Sicherheit von der Hinweisübermittlung Abstand nehmen oder den angenommenen Missstand ausschließlich extern melden bzw. gegenüber der breiten Öffentlichkeit offenlegen (DICO Standard 11, S. 11; Bock, Criminal Compliance, 2011, S. 734 f.). Dieser Schutz soll nicht nur tatsächlich bestehen, sondern auch durch ein klares Bekenntnis der Unternehmensleitung nachvollziehbar sein, etwa niedergelegt im CMS oder im Code of Conduct. Es sollte von vornherein eine klare Kommunikation an die Mitarbeiter erfolgen, dass sie angehalten sind, ihnen vorliegende Informationen über Compliance-Verstöße rasch an geeignete Stellen im Unternehmen zu kommunizieren.

In der Praxis liegt der klare Schwerpunkt auf Bemühungen, die Mitarbeiter durch geeignete Kommunikation, Trainings und Schaffung einer entsprechenden Kultur anzuhalten, Hinweise auf drohende oder bereits eingetretene Compliance-Verstöße zu melden.

a) Implementierung des Meldeprozesses

Der Meldeprozess sollte so detailliert wie möglich festgehalten werden, zum Beispiel in einer Richtlinie oder einem anderen förmlichen Dokument (Drenckhan CB 2021, 459 (463); Clodius/Warda CB 2021, 137 (138); Berger in Ruhmannseder/Behr/Krakow, Hinweisgebersysteme, 2. Auflage 2021, Rn. 271).

Dabei sind die Zuständigkeitsregelungen, die Kategorien, die gemeldet werden dürfen/sollen, die Frage der Geheimhaltung, der Umgang mit der Meldung sowie die Konsequenzen bei missbräuchlichen Meldungen, Fristen und vieles mehr zu regeln (Berger in Ruhmannseder/Behr/Krakow, Hinweisgebersysteme, 2. Auflage 2021, Rn. 302 ff.).

Es ist darauf zu achten, dass diese Richtlinien nicht nur den Mitarbeitenden und meldeberechtigten Dritten bekanntgemacht und leicht zugänglich sein müssen. Sofern vorhanden, sollten in vorhandenen Handbüchern zu CMS oder Kodizes, sonstigen Handbüchern oder Schulungsmaterial diese Richtlinien ebenfalls implementiert werden.

Muster einer Richtlinie der xy-GmbH

Dazu ausführlich Koglin in Koreng/Lachenmann, Formularhandbuch Datenschutzrecht, 3. Auflage 2021, Anmerkung 5 ff.

1. Präambel
   a) Wir möchten über rechtswidriges Verhalten in unserem Unternehmen informiert werden, um solche Verhaltensweisen aufklären und abstellen zu können. Daher ermutigen wir jedermann – gleich ob Mitarbeiter, ehemaliger Kollege, Kunde, Lieferant oder Dritter – uns Hinweise auf Rechtsverstöße mitzuteilen.
   b) Dabei ist eine ausreichende Berücksichtigung der berechtigten Interessen der Hinweisgebenden, der betroffenen Personen, der berechtigten Interessen des Unternehmens sowie der Allgemeinheit gewährleistet.

2. Hinweisgebende
   a) Zur Abgabe von Hinweisen ist jede Person berechtigt. Es ist dabei unerheblich, ob die Person Mitarbeiter ist oder war, Geschäftspartner oder Dritter ist.
   b) Niemand ist verpflichtet, Hinweise abzugeben. Sofern jedoch gesetzliche, vertragliche oder anderweitige Pflichten oder Obliegenheiten zur Abgabe von Hinweisen bestehen, bleiben diese von Satz 1 unberührt.

3. Wie kann ich Hinweise geben?
   Hinweise können wie folgt abgegeben werden:
   * bei Hinweisen von Mitarbeitern durch das Angebot, Hinweise vertraulich an den Vorgesetzten zu melden; außerdem für alle Personen
   * durch direkte Meldung an den Compliance-Officer
   * durch Hinweise an den externen Ombudsmann
   * durch die Möglichkeit, Hinweise *(hier genauere Beschreibung des individuellen Hinweisgebersystems)* direkt in das Hinweisgebersystem anonymisiert einzugeben

4. Schutz des Hinweisgebenden
   Sämtliche Hinweise, einschließlich der Bezüge zum Hinweisgebenden, werden vertraulich und im Rahmen der geltenden Gesetze verarbeitet.

5. Umfang
   a) Unser Hinweisgebersystem dient ausschließlich der Entgegennahme und Bearbeitung von Meldungen zu tatsächlichen oder vermeintlichen Verstößen gegen Gesetze oder unsere Richtlinien.
   b) Es sollen nur solche Hinweise abgegeben werden, bei denen der Hinweisgebende in gutem Glauben ist, dass die von ihm mitgeteilten Tatsachen zutreffend sind.
   c) Das Hinweisgebersystem steht nicht für allgemeine Beschwerden oder für Produkt- und Gewährleistungsanfragen zur Verfügung.
   d) Ein Hinweisgebender kann sich strafbar machen, wenn er wider besseres Wissen unwahre Tatsachen über andere Personen behauptet.

6. Vertraulichkeit und Datenschutz
   Sämtliche Hinweise sind unabhängig von ihrem Wahrheitsgehalt geeignet, das Ansehen der Betroffenen, der Hinweisgebenden und/oder Dritter sowie des Unternehmens zu beschädigen. Sie werden daher von uns über die sich aus den Datenschutzgesetzen ergebenen Pflichten hinaus besonders vertraulich behandelt.

7. Sonstiges
   usw.

b) Implementierung des Fallbearbeitungsprozesses

Hier geht es darum, wie die eingehenden Fälle abzulegen, zu bearbeiten und zu dokumentieren sind.

Hier sind Ablaufmuster sehr hilfreich (Drenckhan CB 2021, 459 (463)).

c) Nationale und internationale gesetzliche Anforderungen beachten

Der Fallbearbeitungsprozess ist zunächst auf nationaler und/oder internationaler Ebene zu konkretisieren, zu dokumentieren und den zuständigen Mitarbeitenden zur Verfügung zu stellen. In internationalen Konzernen sind bestehende individuelle nationale Anforderungen oder gesetzliche Beschränkungen zu prüfen.

Trotz aller internationaler bzw. europäischer Einheitlichkeitsbemühungen spielen nationale Besonderheiten nach wie vor zu Recht eine wichtige Rolle. Insbesondere das Arbeitsrecht ist hier ebenso besonders hervorzuheben wie zusätzliche Anforderungen der Datenschutzgrundverordnung und nationale Datenschutzgesetze.

So muss im Bereich des Arbeitsrechts, zum Beispiel in Deutschland und Österreich, der Betriebsrat dem Betrieb eines HGS zustimmen oder es ist eine Betriebsvereinbarung abzuschließen (dazu Diepold/Loof CB 2017, 25 (26)). Teilweise müssen Arbeitnehmervertretungen und ein europäischer Betriebsrat informiert oder konsultiert werden.

Im Bereich des Datenschutzes ist zu beachten, dass einige Länder zusätzliche spezifische Anforderungen an die Speicherung von Daten fordern.

d) Technische Umsetzung

Je nachdem, für welche Kanäle sich das Unternehmen entscheidet, müssen diese installiert werden. Hier kann einiges an Umsetzung notwendig werden, um beispielsweise Texte anzupassen, verschiedene Sprachen zur Verfügung zu stellen oder die Vertraulichkeit abzusichern.

e) Roll-out

- Wie erfolgt der Roll-out?
- Wann erfolgt der Roll-out?

- Kommunikation?
- Schulung?
- usw.

Hier ist die Frage zu klären, wie das Unternehmen vorgehen will. Soll es auf einmal, wie bei einem „Big-Bang" ausgerollt werden, oder in Schritten? Schrittweise bedeutet, das System zuerst in einzelnen Geschäftseinheiten oder bestimmten Ländern aufzuschalten, um dann nach und nach mit den daraus erfolgten Erfahrungen die weiteren Geschäftseinheiten oder Länder aufzuschalten. Das sollte nach Praktikabilität und auch Umsetzbarkeit entschieden werden. Ist die Frage geklärt, kann entschieden werden, wann der Roll-out beginnen soll.

f) Kommunikation

Die Frage der Kommunikation ist für die Akzeptanz des neuen Systems maßgeblich. Wenn niemand davon weiß oder die Möglichkeit zum Hinweis nicht zu finden ist, werden auch keine Meldungen eingehen. Die Unternehmensleitung sollte daher das „Go" verkünden und die besondere Bedeutung erklären. Das ist eben die Sahne auf der Kirsche für die Mitarbeitenden und trägt zu einer Kultur bei, die die meisten Unternehmen bereits aus einem effektiven Compliance-Management-System kennen. Neben den Mitarbeitenden sind natürlich auch die Dritten anzusprechen, die ja gleichfalls von diesem Hinweisgeberschutz Gebrauch machen sollen.

Die Möglichkeiten der Bekanntgabe sind vielfältig, von einer einfachen Rundmail bis über groß angelegte Werbekampagnen ist da alles denkbar. Idealerweise sollte die Maßnahme auch im Compliance-Handbuch bzw. im Code of Conduct Berücksichtigung finden. Auch dort sollten sich die entsprechenden Ansprechpartner und Möglichkeiten wiederfinden lassen.

g) Dokumentation

Sämtliche Hinweise sowie ihre Verifizierung und Evaluation sollen sorgfältig dokumentiert und vor unberechtigtem Zugriff geschützt werden. Datenschutzrechtliche Bestimmungen sind dabei zwingend zu beachten.
Die entsprechende Dokumentation kann neben dem Nachweis des ordnungsgemäßen Umgangs mit dem einzelnen Hinweis auch als Beleg für die Effektivität des CMS insgesamt relevant sein (DICO Standard 11, S. 12).

h) Schulung

Wesentlich ist auch, dass in regelmäßigen Schulungen die Arbeitsweise des HGS erläutert wird und zugleich an die Möglichkeiten, die dieses System bietet, zu erinnern.

3. Prüfung des HGS (Check)

Ähnlich wie bei Compliance und dem bereits beschriebenen PDCA-Verfahren, sollten auch gute wie schlechte Erfahrungen beim HGS ständig angepasst werden. Dabei ist es wichtig, dass auch die Unternehmensleitung und das Management in regelmäßigen Abständen zusammensitzen, sich mit den Statistiken auseinandersetzen und Verbesserungen einleiten (Drenckhan CB 2021, 459 (465)). Dies kann durch interne Audits, Monitoring, das Einholen von Feedback, durch Verbesserungsvorschläge und Bewertungen, weitere Kommunikation sowie Dokumentationen erfolgen.

4. Verbesserung (Act)

Die sich aus der Überprüfung (Check) ergebenen Verbesserungspotentiale sollen zeitnah umgesetzt werden, um die fortlaufende Effektivität des Systems sicherzustellen. Dies kann durch fortlaufende Kommunikation, die Durchführung von Falluntersuchungen, weitere Trainings, Personalumfragen, regelmäßige Bewertungen und regelmäßige Verbesserungen erfolgen. Der PDCA-Zyklus wird einerseits geschlossen, andererseits geht er in die nächste Phase der Planung nahtlos über, in der die gewonnenen Ergebnisse entsprechend berücksichtigt werden. Das System gewährleistet somit eine fortlaufende Verbesserung als Bestandteil eines Qualitätsprozesses (DICO Standard 11, S. 13).

Checkliste

1. Plan

a) Managemententscheid

Die Unternehmensleitung bestimmt das Ziel und den Rahmen.	☐
Strategie zur Mitarbeiterkommunikation (Förderung einer Unternehmenskultur des Miteinanders):	☐
• Festlegung von Zielen, Zielgruppe und Key-Messages	☐
• Bestimmung der Kommunikationskanäle und Kommunikationsmaßnahmen	☐
• Sorgen Sie für eine offene Unternehmenskultur, hinter der auch die Unternehmensführung steht.	☐
• Räumen Sie die Vorbehalte Ihrer Mitarbeiter aus dem Weg, indem Sie zeigen, dass es nicht darum geht, alle unter Generalverdacht zu stellen, sondern um das Aufdecken von Missständen im Unternehmen.	☐
• Was ist das Ziel?	☐
• Wer übernimmt die Projektleitung?	☐
• Zentrale oder dezentrale Organisation der Prozesse?	☐
• Welche Ressourcen und welches Budget stehen zur Verfügung?	☐
• Interne Projektleitung oder Unterstützung durch externe Berater?	☐
• Welcher Zeitrahmen?	☐
• Einführung „alles auf einmal" oder „nacheinander"?	☐
• Welche Meldekanäle kommen in Frage?	☐

b) Kickoff Meeting

• Zusammenstellung des Projektteams	☐
• Wer macht was bis wann?	☐
• Erstellung eines zunächst groben Projektplans	☐

c) Analyse des Status quo

• Welche Meldewege bestehen bereits?	☐
• Welche Gesellschaften in welchen Ländern werden bereits erfasst?	☐
• Wie werden die Meldungen und Fallbearbeitungen bislang abgelegt?	☐

d) Einbindung wichtiger Stakeholder

• Identifikation aller relevanten Stakeholder, insbesondere Geschäftsleitung und betroffene Fachbereiche, wie Personal, Recht, Compliance, Betriebsrat und Datenschutz	☐
• Einbindung des Betriebsrats in die Auswahl der Lösung	☐
• Frühzeitige Information an alle Mitarbeiter	☐

e) Meldeprozess planen

• Wie soll das HGS heißen?	☐
• Was darf/kann/soll gemeldet werden?	☐
• Sind anonyme Meldungen erlaubt?	☐
• Wer darf melden?	☐
• Wer nimmt die Meldungen entgegen?	☐

- Welche Meldekanäle sollen zur Verfügung stehen? ☐
- Was geschieht bei missbräuchlichen Meldungen? ☐
- Wie wird der Hinweisgebende geschützt? ☐
- Wie wird mit dem Hinweisgebenden kommuniziert? ☐
- Wer ist persönlicher Ansprechpartner? ☐
- Sind die gesetzlichen Anforderungen zum Bestätigungseingang und zum Ablauf – auch zeitlich – eingehalten? ☐

f) Planung des Fallbearbeitungsprozesses ☐
- Wer bearbeitet eingehende Meldungen? ☐
- Wie werden Fälle untersucht? ☐
- Welche Fälle müssen eskaliert werden? ☐
- Was muss wem berichtet werden? ☐
- Wird die Fallbearbeitung richtig und sicher dokumentiert? ☐
- Wie wird Vertraulichkeit sichergestellt? ☐
- Wie wird gegebenenfalls Anonymität sichergestellt? ☐
- Wie wird mit dem Hinweisgebenden kommuniziert? ☐
- Wie wird mit den persönlichen Daten umgegangen? ☐
- Wann erfolgt die Löschung? ☐
- Was geschieht nach Abschluss der internen Untersuchung? ☐

g) Bestimmung der Tools
- Welches Tool ist das richtige (Briefkasten, E-Mail, Hotline, Websystem, Ombudsmann etc)? ☐
- Auswahl treffen und entscheiden ☐
- Mit IT-Lösung Tools erarbeiten oder Provider auswählen ☐

h) Planung des Kommunikationsprozesses
- Frühzeitige Mitteilung an alle Mitarbeiter über die Einführung des HGS und seine Ziele ☐
- Schulung der Verantwortlichen und Ansprechpartner ☐
- Schulungen / Workshops / Seminare für die Mitarbeiter, wie das HGS genutzt werden soll und was gemeldet werden soll: Rechtsverstöße, aber keine Beschwerden über das Kantinenessen ☐
- Definition von Erklärungstexten, FAQs und Fragebögen ☐
- Anfertigung von Handbüchern und Checklisten, Intranetbeiträge kreieren und Erklärvideos, wie das System zu nutzen ist ☐

i) Erstellung des Projektplans ☐
- Was ist bis wann zu erledigen? ☐
- Wer ist für was verantwortlich? ☐
- Wann soll der Roll-out erfolgen? ☐

2. Umsetzung

a) Kommunikationsmaßnahmen vorbereiten bzw. umsetzen
- Wichtigkeit des Schutzes der Hinweisgebenden ☐
- Implementierung in CMS oder CoC ☐

b) Implementierung des Meldeprozesses

- Niederlegung des Meldeprozesses in einem Dokument bzw. in einer Richtlinie, idealerweise durch Implementierung im CMS ☐
- Definition der Zuständigkeiten und Berichtswege ☐

c) Implementierung des Fallbearbeitungsprozesses

- Dokumentation der Mindeststandards ☐
- Bestimmung, wie die Fallbearbeitung dokumentiert und aufgearbeitet wird ☐
- Definition von Verantwortlichkeiten und Zugriffsrechten ☐
- Definition zeitlicher Vorgaben ☐
- Löschkonzept für Daten festlegen ☐

d) Umsetzung rechtlicher Vorgaben ☐

- Erfüllung sämtlicher Auflagen des Hinweisgeberschutzgesetzes ☐
- Definition der Verstöße, die im Unternehmen in Betracht kommen können ☐
- Berücksichtigung arbeitsrechtlicher Aspekte ☐
- Überprüfung der Datenschutz-Policy auf Anpassungsbedarf ☐
- Gewährung der Zugriffsberechtigung für das HGS nur einen begrenzten Personenkreis ☐
- Prozess zur Löschung von Daten gemäß Anforderungen der DS-GVO, der gleichzeitig ausreichende Folgemaßnahmen und interne Dokumentation zulässt ☐
- Gewährleistung von Datensicherheit ☐
- Löschkonzept ☐
- Beachtung nationalen Arbeitsrechts ☐
- Beachtung und gegebenenfalls Änderung der Arbeitsverträge ☐
- Konsultation des Betriebsrats ☐

e) Werkzeuge

- Schaffung und Aufsetzung entsprechender Emailadressen ☐
- Implementierung in das CMS bzw. Schaffung eines CMS mit Hinweisgeberschutz ☐
- Anpassung von Intranet und gegebenenfalls Webseite ☐
- Technische Umsetzung mit dem Provider bei webbasierter Lösung ☐
- Gegebenenfalls Einsatz eines Ombudsmannes ☐

f) Roll-out vorbereiten

- Wie soll ausgerollt werden, schrittweise oder in Etappen? ☐
- Wann wird ausgerollt? ☐
- Wann und wie werden existierende nationale Prozesse angefasst? ☐

g) Schulungen

3. Prüfung (Check)

- Funktioniert das gewählte Modell in der Betriebsrealität und der Betriebskultur? ☐
- Haben die Unternehmensmitglieder hinreichende Kenntnis vom System und seiner Funktionsweise? ☐
- Sind die Mitarbeiter bereit das System zu verwenden? ☐

• In welchem Umfang wird das System tatsächlich genutzt?	☐
• Steht das System in angemessenem Verhältnis zur Art und Gesamtzahlt der Geschäftsvorfälle?	☐
• Funktionieren die gewählten Meldewege ordnungsgemäß?	☐
• Ist das System ausreichend erklärt und das Bewusstsein für die Richtigkeit seiner Nutzung sensibilisiert?	☐
• Sind Hinweise sachgerecht und in angemessener Zeit geprüft und die notwendigen Folgemaßnahmen eingeleitet worden?	☐

a) Weiter kommunizieren

b) Hinweismanagement

• Eingehende Meldungen bearbeiten und untersuchen, abschließend dokumentieren	☐
• Gegebenenfalls sanktionieren und Verbesserungen einleiten	☐
• Fortlaufende Kommunikation mit dem Hinweisgebenden	☐
• Beachtung der Fristen	☐
• Schutz des Hinweisgebenden und betroffener Personen	☐

c) Dokumentation

• Erfassung von Schlussberichten	☐
• Auswertung des Schlussberichts	☐
• Erstellung von Statistiken	☐
• Erstellung von Berichten für die Unternehmensleitung	☐
• Regelmäßige Schulungen	☐

4. Monitoren (Act)

• Messung der Anzahl und Art der Fälle, benötigte Untersuchungszeit, Anzahl der begründeten und unbegründeten Meldungen	☐
• Managementbewertungen	☐
• Personalumfragen	☐
• Stichproben	☐
• Interne Audits	☐
• Regelmäßige Bewertung der Organisation und des Systems	☐
• Sofern nötig und möglich, regelmäßige Verbesserungen	☐

Abkürzungsverzeichnis

Abs.	Absatz
AEUV	Vertrag über die Arbeitsweise der Europäischen Union
Art.	Artikel
BaFin	Bundesanstalt für Finanzdienstleistungsaufsicht
BetrVG	Betriebsverfassungsgesetz
BfJ	Bundesamt für Justiz
BGB	Bürgerliches Gesetzbuch
BMJ	Bundesministerium der Justiz
bzw.	beziehungsweise
CB	Compliance Berater
CCZ	Corporate Compliance Zeitschrift
CEO	Chief Executive Officer
CFTC	Commodity Futures Trading Commission
CIA	Central Intelligence Agency
CMS	Compliance-Management-System
CoC	Code of Conduct
DICO	Deutsches Institut für Compliance e.V.
DS-GVO	Datenschutz-Grundverordnung
etc.	et cetera
EU	Europäische Union
EuGH	Europäischer Gerichtshof
EUR	Euro
FAQ	Frequently Asked Questions (häufig gestellte Fragen)
f.	folgende
ff.	fortfolgende

GmbH	Gesellschaft mit beschränkter Haftung
GG	Grundgesetz
GwG	Gesetz über das Aufspüren von Gewinnen aus schweren Straftaten
HGS	Hinweisgeberschutzsystem
HinSchG	Hinweisgeberschutzgesetz
HR	human resources (Personalwesen)
ISO	Internationale Organisation für Normung
LAG	Landesarbeitsgericht
Nr.	Nummer
NSA	National Security Agency
NZA	Neue Zeitschrift für Arbeitsrecht
PDCA	Plan-Do-Check-Act
Rn.	Randnummer
S.	Seite
SGB	Sozialgesetzbuch
StraFo	Strafverteidiger Forum
usw	und so weiter
VW	Volkswagen
WRV	Weimarer Verfassung